ASCHENDORFFS SAMMLUNG
LATEINISCHER UND GRIECHISCHER
KLASSIKER

CICERO

DE IMPERIO CN. POMPEI UND PRO L. MURENA

Bearbeitet und
kommentiert von
BEATE HINTZEN

Kommentar

Aschendorff Verlag

Umschlagbild:
Mithridates VI. Eupator,
König von Pontus, 121–63 v. Chr.
(Silbermünze um 90 v. Chr.)

In neuer Rechtschreibung

2. Auflage

Druck: Aschendorff Druckzentrum GmbH & Co. KG, Münster

ISBN 978-3-402-02155-2

Inhalt

Vorwort

Bei dem vorliegenden Kommentar zu den Reden *De imperio Cn. Pompei* und *Pro Murena* handelt es sich um eine Modernisierung und Überarbeitung desjenigen von Horst Reis aus dem Jahr 1971 unter Berücksichtigung der Veränderungen, die der Lateinunterricht in den letzten Jahrzehnten erfahren hat. Hierbei wurden Sacherläuterungen auf das für das Textverständnis Notwendige verknappt und im Gegenzug sowohl reine Vokabelangaben als auch weitergehende Übersetzungshilfen (besonders bei Gerundivkonstruktionen und relativischen bzw. interrogativen Verschränkungen) großzügiger zur Verfügung gestellt, um ein rascheres Vorgehen bei der Lektüre zu ermöglichen und Raum für die Interpretation zu geben. Dementsprechend wurde der Kommentar auch um Leitfragen zur Interpretation erweitert, und durch die Erläuterung der Redeteile mit ihren Funktionen sowie eine Zusammenstellung der wichtigsten von Cicero verwendeten Stilmittel wurde die Grundlage zu einer formalen Interpretation geschaffen. Auf die Bereitstellung eines Lernvokabulars wurde hingegen verzichtet, da die lexikalischen Schwierigkeiten bei der Cicero-Lektüre weniger in der Beherrschung eines thematisch begrenzbaren Sondervokabulars bestehen, wie es z. B. bei der Ovid-Lektüre der Fall ist, sondern hauptsächlich darin, dass für gängige Vokabeln eine im Einzelfall treffende Formulierung gefunden werden muss.

Bonn, im April 1999

Beate Hintzen (vormals Czapla)

I. Rhetorischer Grundkurs

1. Die Redeteile und ihre Funktionen

In der Antike folgte der Aufbau einer Rede einem festgelegten Schema, d. h. jede Rede bestand aus fünf Teilen:

a) *Prooemium* oder *Exordium:* In der Einleitung legt der Redner in der Regel dar, welche Gründe ihn bewogen haben, einen bestimmten Fall zu übernehmen oder eine bestimmte Position zu beziehen. In der Regel versucht er im Vorhinein die Gunst der Zuhörer zu gewinnen *(captatio benevolentiae)*, indem er entweder ihre politische Bedeutung herausstreicht und an ihre Weisheit appelliert oder sich auf seine eigenen geringen Fähigkeiten oder seine geringe Bedeutung zurückzieht (Topos der Bescheidenheit).

b) *Narratio:* Dieser Redeteil liefert eine möglichst knappe Darstellung des Sachverhalts, selbstverständlich aus der Sicht des Redners.

c) *Dispositio:* Es werden die Punkte genannt, über die der Redner im Folgenden ausführlich sprechen wird. Die *dispositio* ist also eine Art Gliederung oder Inhaltsangabe.

d) *Argumentatio:* Die Argumentation ist das Kernstück der Rede. Der Redner versucht in der *probatio* die Unschuld eines Klienten oder einen anderen Sachverhalt zu beweisen (in einer Gerichtsrede) bzw. seine eigene Position zu begründen und die Zuhörer von ihrer Richtigkeit zu überzeugen (in einer politischen Rede), in der *refutatio* hingegen die Argumentation der Gegenseite zu widerlegen. Die *argumentatio* kann aber auch nur aus einer *probatio* oder nur aus einer *refutatio* bestehen.

e) *Peroratio:* Im Schlussteil der Rede wendet sich der Redner in der Regel noch einmal direkt an das Entscheidungsgremium und versucht seine Mitglieder mit emotionalen Argumenten zu einer Entscheidung in seinem Sinne zu bewegen.

2. Rhetorische Schmuckmittel: Tropen und Figuren

Um den Inhalt seiner Aussagen zu unterstreichen, bedient sich der Redner (wie der Dichter) bestimmter rhetorischer Schmuckformen. Hierbei unterscheidet man zwischen Tropen (T) und Figuren (F). Unter Tropen (griech. τρόποι = „Wendungen") versteht man Formen uneigentlichen Sprechens, d. h. unter einem Wort oder einer Wortgruppe ist etwas anderes zu verstehen als der eigentliche Inhalt bzw. ein Wort steht für ein anderes. Figuren hingegen kommen durch die kunstvolle Anordnung mehrerer Wörter zustande.

a) Tropen

1. **Metapher:** verkürzter Vergleich ohne die formale Ausführung des Vergleichs durch „wie"; Übertragung eines Wortes in eine andere, ihm fremde Sphäre:
   Corinthum [. . .], *totius Graeciae lumen* (P 11)
   incommodis mederi (P 26)
2. **Personifikation:** Einführung konkreter Dinge sowie abstrakter und kollektiver Begriffe als handelnde Personen (Nähe zur Metapher):
   Testis est Italia (P 30)

3. **Metonymie:** Umbenennung. Für das eigentliche Wort wird ein anderes gesetzt, dessen Bedeutung zum eigentlichen in realer, kausaler oder zeitlicher Beziehung steht:
   multorum opes (P 24) für *multi potentes*, d. h. Besitz für Besitzer
   ornamenta (P 40) für *artificia*, d. h. die Funktion für den Gegenstand
4. **Synekdoche:** Wahl eines engeren Begriffes statt des umfassenden *(pars pro toto):*
   in tectis für *in domibus* (P 39)
5. **Litotes:** verstärkte Hervorhebung eines Begriffes durch die Verneinung des Gegenteils:
   ut neglegi non possit (P 49)
6. **Hyperbel:** das Maß der Glaubwürdigkeit übersteigernde Aussage:
   plura bella gessit quam ceteri legerunt (P 28)
   Iam vero virtuti Cn. Pompei quae potest oratio par inveniri? (P 29) (Topos der Unvergleichlichkeit in einer rhetorischen Frage)
7. **Ironie:** Das Gesagte ist das Gegenteil des Gemeinten:
   expetendus amicus est, qui alienam potius iniuriam quam suam persequatur (M 57) (gemeint: Er kümmert sich um Dinge, die ihn nichts angehen.)
8. **Euphemismus:** verhüllendes Umschreiben; Unangenehmes oder Unheilbringendes wird durch einen beschönigenden Ausdruck bezeichnet:
   si quid eo factum esset = si mortuus esset (P 59)
9. **Rhetorische Frage:** Eine Frage, die ihre Antwort schon enthält oder auf die sich nicht antworten lässt:
   Putatisne vos illis rebus frui posse nisi eos, qui vobis fructui sunt, conservaritis non solum, ut ante dixi, calamitate, sed etiam calamitatis formidine liberatos? (P 16)

b) Figuren

Stellungsfiguren
Stellungsfiguren der Wortverbindung

1. **Asyndeton:** Reihe gleichgeordneter Wörter, Satzteile oder Sätze ohne verbindende Konjunktion:
   Ego enim sic existimo, in summo imperatore quattuor has res inesse oportere: scientiam rei militaris, virtutem, auctoritatem, felicitatem. (P 28)
2. **Polysyndeton:** durch ständige, ungewöhnlich häufige Wiederholung derselben Konjunktion verbundene, koordinierte Wort- oder Satzreihe:
   Ita neque ex portu neque ex decumis neque ex scriptura vectigal conservari potest. (P 15)
3. **Hendiadyoin:** formale Gleichordnung von zwei Begriffen, von denen der eine dem anderen inhaltlich untergeordnet ist:
   legatos deprecatoresque (P 35) statt *legatos, qui deprecarent*
4. **Enallage:** Verschiebung der Wortbeziehung, besonders die Verschiebung eines Adjektivs: Das Adjektiv wird nicht seinem eigentlichen Beziehungswort zugeordnet, sondern einem Substantiv, zu dem es logisch nicht gehört:
   eorum <membrorum> collectio dispersa (P 22) = *collectio dispersorum membrorum*
5. **Paronomasie:** Wortspiel; Gleichklang oder Klangähnlichkeit bedeutungsverschiedener Wörter oder Verwendung des gleichen Wortes in verschiedener Bedeutung:
   nomino neminem (P 37)
   cum peteres consulatum, . . . cum Murenam ipsum petas (M 8)

Stellungsfigur der Worteinsparung

6. **Ellipse:** Auslassung eines minder wichtigen, leicht zu ergänzenden Wortes innerhalb eines Satzes; besonders häufig wird eine Form von *esse* eingespart:
cogendi iudices inviti (sunt) (M 42).

Stellungsfiguren der Worthäufung

7. **Disiunctio:** Jedes von mehreren Subjekten oder Objekten erhält ein eigenes Prädikat, während besonders im Deutschen diese Prädikate zu einem zusammengefasst werden könnten:
ut eius voluntatibus ... cives assenserint,
socii obtemperarint,
hostes oboedierint,
... venti tempestatesque obsecundarint.
(P 48)
8. **Klimax:** Anordnung einer Wort- oder Satzreihe nach stufenweiser Steigerung in Aussageinhalt oder Aussagekraft:
tantum bellum,
tam diuturnum,
tam longe lateque dispersum,
quo bello omnes gentes ac nationes premebantur (P 35)
9. **Pleonasmus:** übertriebene Aufhäufung oder Verbindung von Worten:
... videte, quem vobis animum suscipiendum putetis (P 11)
restat, ut de imperatore ... dicendum esse videatur (P 27)
An solchen Stellen strebt Cicero einerseits durch die (überflüssige) Benutzung von *videri* oder *putare* nach einem inhaltlich bescheidenen Ausdruck, andererseits

nach Wortfülle, die einen – für das Ohr des Römers – schönen Klang erzeugt.

10. **Tautologie** (Copia dicendi): stilistische Doppelaussage; Bezeichnung desselben Begriffs, Gedankens oder Sachverhalts durch zwei oder mehrere synonyme Wörter zum Zweck der stärkeren Eindringlichkeit:
summum in periculum ac discrimen vocatur (P 12)
Cn. Pompeio expetenti ac postulanti (P 57)
11. **Distributio:** Zerlegung eines Hauptbegriffs in einzelne zu ihm gehörige Teile:
in hos dies, in hos menses, in hoc tempus = bis heute (M 81)

Stellungsfiguren der Wortwiederholung

12. **Anapher:** Wiederkehr desselben Wortes bzw. derselben Wortgruppe am Anfang von mehreren Sätzen bzw. Versen:
In quo
agitur populi Romani gloria [. . .]
agitur salus sociorum atque amicorum [. . .]
aguntur certissima populi Romani vectigalia et maxima [. . .]
aguntur bona multorum civium [. . .] (P 6)
13. **Geminatio:** Wiederaufnahme eines Wortes bzw. Satzteils:
audite, audite consulem (M 78)
14. **Polyptoton:** Wiederholung desselben Wortes innerhalb desselben Satzes in verschiedenen Flexionsformen:
hostes omnes omnium generum (P 42)

Figuren der Wortstellung und des Satzbaus

15. **Parallelismus:** Wiederkehr derselben Wortfolge, Konstruktion mehrerer aufeinander folgender parallel gebauter Sätze: s. Chiasmus
16. **Chiasmus:** Symmetrische Überkreuzstellung von syntaktisch oder semantisch einander entsprechenden Satzgliedern:

Norunt *enim* *sociorum* *vulnera,*
| | | Parallelismus
vident *eorum* *calamitates*
Chiasmus
querimonias *audiunt.* (P 66)

17. **Commutatio:** Umstellung von Satzgliedern, die eine Antithese (s. u.) bewirkt (Verbindung von Wortwiederholung, Chiasmus und Antithese):
aut ab omnibus imperatoribus uno anno
aut omnibus annis ab uno imperatore (P 31)
18. **Anakoluth:** Folgewidrigkeit im grammatischen Satzaufbau. Besonders bei überlangen Perioden verzichtet der Redner auf die grammatikalisch folgerichtige Weiterführung eines Satzes:
Meministis enim, cum . . . voces percrebuissent, quas habuisse . . . dicebatur (. . .) [der von *meministis* abhängige notwendige AcI fehlt] – *tum igitur . . . meministis fieri senatus consultum . . .* (M 50–51)
19. **Anastrophe:** Umkehrung der geläufigen syntaktischen Wortstellung (in der Dichtersprache), meist Nachstellung der Präposition hinter das Substantiv:
quem contra veneris (M 9)
20. **Hyperbaton:** Sperrung, Abweichung von der üblichen Wortstellung und künstliche Trennung einer syntaktisch zusammengehörigen Wortgruppe (z. B. Substan-

tiv und Adjektiv) zu einer Spreizstellung durch eingeschobene Wörter:
maximam vim auri atque argenti pulcherrimarumque rerum omnium, quas a maioribus acceperat et ipse bello superiore ex tota Asia direptas in suum regnum congesserat, in Ponto omnem reliquit (P 22)

21. Gleichklänge im Anlaut (Alliteration) oder Auslaut (Homoioteleuton):
Alliteration: *tanta temperantia* (P 13)
magna ac multo maxima parte (P 54)
Homoioteleuton: *Testis Sicilia, quam [. . .] explicavit, testis Africa, quae [. . .] redundavit.* (P 30)

Sinnfiguren

22. **Antithese:** Gegenüberstellung entgegengesetzter Begriffe. Antithesen werden oft in bestimmten Stellungsfiguren formuliert, z. B. Parallelismus, Chiasmus:
belli genus esse ita necessarium, ut sit gerendum,
non esse ita magnum, ut sit pertimescendum. (P 20)
23. **Paradoxon:** unvermittelte Hinführung zu einem überraschenden, unerwarteten Gedanken:
Itaque tantum victus efficere potuit,
quantum incolumis numquam ausus est optare. (P 25)
24. **Oxymoron:** Sonderform des Paradoxon, pointierte Verbindung zweier sich gegenseitig widersprechender oder ausschließender Begriffe, oftmals in der Form einer *contradictio in adiecto*, d. h. der Widerspruch besteht zwischen einem Substantiv und einem beigefügten Adjektiv:
taciti rogant (P 13)

25. **Gleichnis/Vergleich:** Gemeinsamer Grundgehalt der verknüpften Bereiche wird durch „(so) . . . wie“ angedeutet:
Primum ex suo regno sic Mithridates profugit, ut ex eodem Ponto Medea illa quondam profugisse dicitur . . . (P 22)
26. **Praeteritio:** Erwähnung (und Hervorhebung) eines Sachverhalts mit der Scheinbehauptung, man wolle ihn gar nicht darstellen:
Non dicam hoc loco maiores nostros semper in pace consuetudini, in bello utilitati paruisse . . . (P 60)
27. **Apostrophe:** direkte, oftmals beschwörende Anrede meist abwesender Personen (z. B. Anrufung der Götter oder Selbstanrede des Autors) oder abstrakter Begriffe:
Pro di immortales! (P 33)

II. Erläuterungen zu De imperio Cn. Pompei

1. Prooemium

(1) frequens conspectus vester = *conspectus frequentiae* (fr. = zahlreiche Versammlung) *vestrae.* – **hic locus**: Gemeint ist die Rednerbühne auf dem Forum. – **agere** (erg. *cum populo*): zum Volk sprechen, mit dem Volk verhandeln (vom Beamten gesagt, der eine Volksversammlung leitet). – **amplus**: bedeutend. – **dicere** (erg. *apud populum*): vor dem Volk sprechen (von einem Privatmann gesagt, der mit Erlaubnis oder auf Wunsch des leitenden Beamten in der Volksversammlung spricht). – **ornatus**: ehrenvoll. – **aditu**: Abl. sep. abhängig von *prohibere.* – **laudis**: Gen. obi. zu *aditu.* – **ratio**: hier: Überlegung, Grundsatz. – **ab ineunte aetate**: seit dem Beginn der Volljährigkeit (mit etwa 17 Jahren). – **suscipere**: unternehmen, verfolgen. – Satzaufbau:

Quamquam . . . conspectus . . . iucundissimus,
locus . . . amplissimus,
ornatissimus est visus,
tamen . . . non . . . voluntas . . .,
sed rationes . . . prohibuerunt.

per aetatem: wegen meiner Jugend. – **auctoritas loci**: zur Sache: Von der Rednerbühne durfte nicht jeder sprechen. – **statuere**: hier: der Meinung sein. – **ingenium**: hier: geistige Reife. – **tempora**, Pl.: schwere Zeiten, Schwierigkeiten. – **transmittere**: hier: widmen.

(2) causam defendere: jemandes Sache vertreten (in der Volksversammlung). – **privatorum pericula**: Prozesse von Privatleuten (die Cicero als Gerichtsredner vertreten hatte). – **caste integreque**: anständig und unbestechlich. – **iudicium**: hier: Entscheidung des Volkes (bei der Wahl). – **cum**: hier: dadurch dass (explikatives *cum*) – **consequi**, consequor, consecutus sum: erreichen, erlangen. – **dilatio**, -onis f: Abbruch, Aufschub; zur Sache: Die Prätorenwahl des Jahres 66 v. Chr. ist, vielleicht wegen schlechter Vorzeichen, zweimal abgebrochen und vertagt worden. – **comitia** (**centuriata**): (Zenturiats-)Komitien. Zur Sache: Die römischen Beamten wurden vom Volk gewählt, das in der Form der sogenannten *comitia centuriata*, d. h. nach Centurien (Hundertschaften) gegliedert versammelt war. Diese Gliederung des römischen Volkes war ursprünglich eine reine Abbildung der römischen Heeresordnung und beruhte auf der Zugehörigkeit des einzelnen zu einer bestimmten Vermögensklasse. Die militärische Leistungsfähigkeit wurde hierbei der finanziellen gleichgesetzt, da sich jeder selbst ausrüsten musste. Diese Einteilung und Abstimmung nach Vermögen war zu Ciceros Zeit bereits mit der Einteilung der Bürger in *Tribus* (Wohnbezirke) verbunden worden. Da nun die konservativen Senatoren zumeist in wenigen dünn besiedelten ländlichen Tribus wohnten und die reichen Ritter eigene Centurien bildeten, sicherte auch dieses Wahlrecht den wohlhabenden Klassen den Vorrang vor den ärmeren Schichten, die in den dicht besiedelten städtischen Tribus wohnten. Zunächst fand eine Abstimmung innerhalb jeder Centurie statt, bei der Gesamtabstimmung hatte dann jede Centurie unabhängig von der Zahl ihrer Mitglieder eine Stimme. – **renuntiare**: ausrufen. – **honos**: Ehrenamt, d. h. in diesem Fall konkret die Quästur, das Ädilenamt und die Prätur (s. Zeittafel). – **honoribus mandandis**: durch die Übertragung von Ämtern. – **agere**: s. § 1. – **facultas** (erg. *dicendi*): Fähigkeit zu reden, rednerische Begabung. – **vigilans**: unermüdlich tätig. – **forensis usus**: ständige Tätigkeit als

Rechtsanwalt (die auf dem Forum stattfand). – **utar**: erg. als Objekt *auctoritate.* – **consequi**: s. § 1. – **ostendere**: beweisen. – **ei . . . rei** = *dicendi facultati.* – **ducere**: hier: meinen, glauben. – Satzaufbau:

nunc, cum et auctoritatis . . . tantum sit,
                quantum . . . esse voluistis,
        et . . . facultatis tantum,
                quantum . . . potuit afferre,
certe et, si . . ., apud eos utar, qui . . . dederunt,
        et, si . . ., iis ostendam, qui . . . duxerunt.

(3) **illud laetari**: sich darüber freuen (*laetari* hier mit Akk. statt Abl., da das Objekt durch das Neutr. eines Pronomens gebildet wird). – **insolitus**: ungewohnt. – **ex hoc loco**: abh. von *dicendi.* Zu *locus* s. § 1. – **ratio**: hier: Art, Weise. – **causa**: hier: Sache, Gegenstand, Thema. – **offerri**: sich bieten. – **oratio**: hier: Stoff. – **eximius**: herausragend. – **modus**: hier: Maß.

2. Darstellung der militärischen Lage

(4) **duci**: hier: hergeleitet werden, ausgehen von. – **bellum . . . inferre** + Dat.: jemandem den Krieg erklären. – **vectigal,** alis n: eigentlich: Abgabe, Steuer. Hier sind wohl diejenigen gemeint, die Abgaben zu leisten hatten, die Bewohner der Provinz Asia, deren Steuern einen wichtigen Faktor der römischen Wirtschaft bildeten. – **relictus** (▶ Mithridates): immer noch nicht besiegt. – **lacessitus** (▶ Tigranes): gereizt. – Satzverständnis: vor *bellum* ist sinngemäß zu ergänzen: . . . muss Folgendes gesagt werden. – **ad occupandam Asiam**: zur Besetzung von Asien. – **equites**: Ritter, eigener Stand unterhalb der Senatoren. Die Ritter waren den Senatoren an Finanzkraft ebenbürtig, verdienten ihr Geld aber nicht in der Landwirtschaft wie

die Senatoren, denen der Handel verboten war, sondern als Großkaufleute, Bankiers, Reeder, oft auch als Steuerpächter. Diese Steuerpächter *(publicani)* entrichteten das geschätzte Steueraufkommen einer Provinz im Voraus als Pacht an den römischen Staat und erhoben dann in der Provinz die Steuern – natürlich mit einem Aufschlag, der ihren Gewinn bildete, wenn sie das Steueraufkommen richtig geschätzt hatten. Ihr Risiko lag darin, dass der Steuerertrag tatsächlich weniger betragen konnte, als sie geschätzt hatten. – **magnae res**: große Vermögen, Kapitalien. – **agitur**: es steht auf dem Spiel. – **in vestris vectigalibus exercendis**: in der Verwaltung eurer Steuergelder. – **occupatus**: hier: festgelegt, investiert. – **pro**: hier: in Anbetracht, wegen. – **necessitudo**, inis f: (politische) Verbindung, Zugehörigkeit. – **causa**: hier: Angelegenheit. – **deferre ad** *(aliquem)*: jemandem übertragen.

(5) Es folgt der Inhalt der an die Ritter gerichteten Briefe. – **exurere**, -ussi, -ustum: verbrennen. – **vectigal**: s. § 4. – **succedere** + Dat.: jemandem nachfolgen (gemeint ist Glabrio). – **administrare**: hier: leiten. – **ad tantum bellum administrandum**: zur Konstruktion s. § 4. – **imperatorem**: prädikativ zu übersetzen. – deposcere = *poscere*. – **expetere** = *petere*.

3. Gliederung der Rede

(6) quae: indirektes Fragepronomen. – **causa**: wie § 4. – **considerare**: überlegen. – **de imperatore deligendo**: über die Auswahl des Feldherrn.

4. Argumentation für Pompeius

a. Der Krieg

quod: bezogen auf *genus*. – **quod . . . debeat**: konsekutiver Relativsatz. – **vestros animos** = *vos*. – **persequi**: durchführen, durchfechten (erg. als Obj. den Krieg). – **in quo**: bezogen auf den Krieg. – **agitur**: s. § 4. – **cum magna . . . tum summa**: groß. . ., besonders groß aber (das *cum* bleibt im Dt. unübersetzt). Die Formulierung dient dazu, das zweite, bei *tum* stehende Satzglied besonders hervorzuheben. – **vectigal**: s. § 4. – **quibus amissis**: nach deren Verlust. – **subsidium**: Rückhalt, Reserve. – **pacis ornamenta et subsidia belli**: Mittel für öffentliche (Prunk-)Bauten im Frieden und Mittel für Kriegsrüstung. – **requirere**: suchen, vermissen. – **a vobis**: entspricht dem sonst beim Gerundivum mit *esse* üblichen Dat. auct., um eine Verwechslung mit dem Dativobjekt *quibus* auszuschließen.

(7) praeter: über . . . hinaus, mehr als. – **superior**: hier: vergangen. – **Mithridatico bello superiore**: Gemeint ist sowohl der 1. als auch der 2. Mithridatische Krieg (s. Einleitung zum Textband, S. 10). – **concipere**: sich zuziehen, auf sich laden. – **penitus**: tief. – **inveterascere**, inveteravi: sich einnisten, sich festsetzen. – **significatio litterarum**: brieflicher Befehl. – **cives . . . necandos . . . curare**: Bürger töten lassen. – **poenam . . . suscipere**: Strafe erhalten. – **latebrae**, arum: Verstecke. – **emergere**: auftauchen. – **patrium regnum**: Pontus und Kappadokien. – **vectigalia**: hier: steuerpflichtige Gebiete. – **in Asiae luce**: im Licht Asiens, d. h. sichtbar in dem Teil Asiens, der näher zu Rom liegt. – Satzaufbau: Der quod-Satz erklärt *quae . . . insedit ac . . . inveteravit* . . . und gliedert sich folgendermaßen:

quod is, qui uno die tota in Africa,
tot in civitatibus,
uno nuntio atque una significatione ... curavit,
non modo ... poenam ... nullam ... suscepit,
sed ... regnat,
et ita regnat,
ut se non ... occultare velit,
sed emergere ... atque ... versari.

(8) nostri . . . imperatores: s. F 20. – **insignia victoriae**: Auszeichnung für einen Sieg. Gemeint sind die im Folgenden erwähnten Triumphe des Sulla und des Murena (s. Einleitung zum Textband, S. 10). – **reportare**: davontragen. – **summus**: hier: hervorragend. – **triumpharunt** = *triumphaverunt*. – **regnare**: hier: König bleiben. – **agere** (ohne Obj.): handeln. – **reliquerunt**: erg. als Objekt: die Beendigung des Krieges. – **res publica**: die politische Lage (in Rom, s. Einleitung zum Textband, S. 10). – **Murenam Sulla revocavit**: s. Einleitung zum Textband, S. 10.

(9) reliquum tempus: die Zeit zwischen dem 2. und dem 3. Mithridatischen Krieg. – **tempus conferre ad**: Zeit verwenden für. – **ornare**: hier: ausrüsten. – **permagnus** = *maximus*. – **quibuscumque ex gentibus potuisset** = *ex omnibus gentibus, ex quibus* (erg. *exercitus comparare*) *potuisset*; *potuisset* in Angleichung an die umgebenden Konjunktive. – **simulare** + Inf.: so tun als ob. – **duobus in locis**: in Spanien und in Asien (s. Einleitung zum Textband, S. 13). – **bini**: je zwei, zwei. – **anceps contentio**: Doppelkrieg. – **districtus**: zerrissen. – **de imperio dimicare**: um die Herrschaft bzw. den Bestand des Reiches kämpfen. – Satzaufbau:

qui postea,
cum ... adificasset ornassetque classes
exercitus ..., quibuscumque ..., comparasset
et (cum) ... simularet,

(wegen des veränderten Tempus muss hier cum noch einmal, und zwar mit „während“ übersetzt werden)

usque in Hispaniam . . . misit ad eos duces, quibuscum . . .,
ut,
cum duobus in locis . . . bellum . . . gereretur,
vos . . . dimicaretis.

(10) pars: hier: Seite. – **(pars) Sertoriana atque Hispaniensis**: die Seite des Sertorius und Spaniens (s. Einleitung zum Textband, S. 13–14). – **divinus**: göttlich, über menschliches Maß hinausgehend. – **consilium**: hier: Umsicht. – **depellere**: hier: abwenden. – **in altera parte**: in Asien. – **initia illa rerum gestarum magna et praeclara**: jene großen Anfangserfolge (s. Einleitung zum Textband, S. 13). – **extrema**: die letzten Ereignisse. Gemeint sind die Misserfolge des Lucullus (s. T 9). – **tribuere**: zuschreiben. – **ut . . . tribuenda esse videantur** = *ut tribuenda sint*; s. F 9. – **alio loco**: § 20 der Rede. – **verus**: hier: verdient. – **detrahere**: wegnehmen. – **affingere**, affinxi, affictum: andichten.

(11) de: hier: hinsichtlich. – **de . . . gloria**: abhängig von *animum suscipere* (s. u.). – **exorsus**: Beginn. – **animum suscipere**: eine Haltung einnehmen, eine Position beziehen. – **suscipiendum**: erg *esse*. – **quem . . . putetis**: Verschränkung von indirekter Frage und AcI: . . . welche . . . ihr einnehmen zu müssen glaubt; Auflösung: . . ., welche ihr – eurer Meinung nach – einnehmen müsst; s. F 9. – **navicularius**: Schiffseigner. – **iniuriosius**: nur ein wenig beleidigend. – **tandem**: schließlich, endlich. – **animo esse**: eine Haltung vertreten. – **superbius**: ein wenig anmaßend. Cicero untertreibt hier, da die Gesandten tatsächlich übel behandelt worden sind. – **extinctum esse voluerunt**: starker Ausdruck: sie wollten es ausgelöscht sehen. – **inultus**: ungerächt. – **consularis**: ein Mann, der Konsul gewesen ist (und entsprechendes Ansehen besaß). – **legatus con-**

sularis: M'. Aquilius, der bereits 91 gegen Mithridates gekämpft hatte und nach der Besetzung der Provinz Asia zu Beginn des 1. Mithridatischen Krieges (s. Einleitung zum Textband, S. 10) gefangen genommen und zu Tode gefoltert worden war. – **verbera**, um n: Schläge. – **supplicium**: hier: Marter, Qual. – **excruciare**: foltern, martern, quälen. – **imminuere**: vermindern, beeinträchtigen. – **libertatem imminutam**: mit einem dass-Satz wiederzugeben, ebenso *ereptam vitam, ius . . . violatum und legatum . . . interfectum.* – **persequi**: verfolgen, hier: rächen. – **relinquetis**: erg. *inultum.*

(12) quid?: Wie nun?: Überleitung zu einem neuen Gesichtspunkt. – **quod**: was das betrifft, dass . . . – **in periculum vocare**: in Gefahr bringen. – **discrimen**: hier: Gefahr. – **animus**: hier: Stimmung, Unmut. – **socius populi Romani atque amicus**: Ehrentitel, den der Senat an Fürsten befreundeter Staaten verlieh. – **duo reges**: Mithridates und Tigranes (s. Eigennamen). – **cuncta Asia** = *tota Asia.* – **certus**: ein bestimmter. Gemeint ist Pompeius. – **deposcere** = *poscere.* – **cum praesertim**: zumal da. – **alium**: gemeint ist Glabrio.

(13) summus: hervorragend. – **omnia**: Gemeint sind alle (guten) Eigenschaften. – **propter**: in der Nähe (s. Einleitung zum Textband, S. 14). – **quo**: hier: wodurch. – **etiam . . . aegrius**: noch schmerzlicher. – **carere**: hier: vermissen. – **ipse**: die Hinzusetzung von *ipse* zu den beiden Substantiven dient zur Verstärkung: bloße Ankunft . . . o. ä. – **nomen**: hier: Namensnennung. – **reprimere**: hemmen. – **retardare**: verzögern. – **commendare**: anvertrauen, übergeben. – **adventus**: Plural, weil es sich um die Ankunft mehrerer Feldherrn handelt. – **non multum ab hostili expugnatione differre**: zur Sache: Die Hilfe römischer Heere für ihre Bundesgenossen glich insofern oft einer feindlichen Besetzung, als die Feldherren sich bei ihrem Aufenthalt in den Städten nicht selten selbst bereicherten und ebenso über Plünderungen und Ausschreitungen ihrer Soldaten großzügig hinwegsahen. Lucullus und Pompeius haben sich hingegen offensichtlich korrekt verhalten. – **commorari** = *morari.* – Satzaufbau:

Hi vos, quoniam . . . non licet, taciti rogant,
    ut se . . . dignos existimetis,
        quorum salutem tali viro commendetis,
atque hoc etiam magis,
    quod . . . eius modi homines . . . mittimus,
        ut, etiamsi . . . defendant,
            tamen . . . adventus . . . non . . . differant,
        hunc audiebant antea,
        nunc . . . vident tanta temperantia,
                tanta mansuetudine,
                tanta humanitate,
                    ut ii . . . videantur,
                        apud quos . . .
                            commoretur.

(14) lacessere: reizen. – **vos . . . convenit**: es schickt sich, dass ihr . . . = ihr müsst . . . – **praesertim cum**: s. § 12. – **agitur de**: es handelt sich um. – **vectigal**: s. § 4. – **ad ipsas provincias tutandas**: zur Konstruktion s. § 4. Zur Sache: In allen Provinzen waren Soldaten stationiert, für deren Unterhalt das Steueraufkommen kaum reichte. – **opimus:** reich. – **pastio**, onis f: Weide(platz). – **antecellere** + Dat.: jemanden übertreffen. – **belli utilitas et pacis dignitas** = *pacis ornamenta et subsidia belli* (s. § 6).

(15) cum . . ., tum: wenn . . ., dann. – **irruptio**, onis f: Einfall, Angriff. – **conquiescere**: hier: stillgelegt werden. – **ex portu** *(. . . vectigal)*: Hafenzoll. – **ex decumis** *(. . . vectigal)*: Zehnter (Teil), eine Abgabe, die auf landwirtschaftliche Erzeugnisse gezahlt werden musste. – **ex scriptura vectigal**: Weidegeld (berechnet nach der Zahl der Tiere).

(16) aliquo animo esse: in einer Stimmung sein. – **vectigalia pensitare**: Steuern zahlen. – **exercere atque exigere** *(vectigalia)*: Steuern eintreiben und erheben. – **propter**: s. § 13. – **perbrevis** = *brevissimus*. – **publicani**: s. *equites* § 4. – **familia maxima**: Zur *familia* gehörten bei den Römern auch sämtliche Angestellten und Sklaven. – **in saltibus**: in den Bergen (wo die meisten Viehweiden lagen). – **in . . . custodiis**: auf Wachposten (zur Verhütung des Schmuggels). – **illae res**: Gewinne aus den verschiedenen Steuereinnahmen. – **conservaritis** = *conservaveritis*: im Dt. mit Präsens zu übersetzen.

(17) extremum proponere *(sibi)*: sich als Letztes vornehmen. – **pertinere ad**: etw. betreffen. – **pro**: auf Grund von. – **rationem habere** + Gen.: Rücksicht nehmen auf. – **nam et**: denn einerseits (wird in § 18 durch *deinde* aufgenommen). – **rationes et copias** conferre: spekulieren und Geld anlegen. (zur Sache: s. *equites* § 4). – **ducere** + doppelter Akkusativ: halten für. – **exercere**: s. § 16.

(18) deinde: andererseits. – **ceteri ordines**: Mit den übrigen Ständen sind die Bevölkerungsgruppen gemeint, die nicht – wie auch Cicero – zum Stand der Ritter gehörten, von denen eben viele als Steuerpächter ihr Geld verdienten. – **eorum**: partitiver Gen. zu *partim*, in der Übersetzung wegzulassen. – **pecunias collocatas habere**: Geld fest angelegt haben. – **est** + Gen.: es ist ein Zeichen von, es zeugt von. – **a re publica**: *a calamitate rei publicae*. – **seiungere**: trennen. – **illud**: weist voraus auf den folgenden AcI *posse* . . . – **primum**: erstens, zum Ersten (fortgeführt durch *deinde*, Anfang § 19). – **parvi refert**: daran liegt wenig, der Einwand hat wenig zu bedeuten. – **recuperare**: wiederbekommen. – **redimere**: (Steuern) pachten (s. § 4). – **isdem**: Gemeint sind die Steuerpächter, die im Augenblick in Asien ihr Kapital investiert haben. – **aliis**:

Gemeint sind andere potentielle Steuerpächter, die nach einem römischen Sieg in Asien investieren könnten.

(19) deinde: zweitens. – **res magnae**: s. § 4. – **solutio,** onis f: Zahlungsfähigkeit. – **fides**: hier: Kredit. – **ut non**: ohne dass. – **ratio pecuniarum**: Geldwesen. – **in foro**: zur Sache: Geldgeschäfte wurden meist in den Säulenhallen rund um das Forum getätigt. – **versatur** = *est.* – **pecuniae Asiaticae**: asiatischer Kapitalmarkt. – **illa**: der Geldmarkt in Asien. – **haec**: der Geldmarkt hier in Rom. – **incumbere ad**: sich zur Aufgabe machen.

(20) quoniam: da ja, nachdem (Überleitung zum nächsten Punkt). – **pertimescere**: Verstärkung von *timere.* – **belli . . . pertimescendum**: s. F 22. – **in quo**: in diesem Punkt. – **laborare**: sich bemühen (darzulegen). – **providere**: hier: vorbereiten. – **impertire**: zukommen lassen. – **debere**: hier: zukommen. (*debeatur:* obliquer Konjunktiv in Abhängigkeit von einem AcI) – **ornare**: wie § 9. – **assiduitas**, atis f: Beharrlichkeit. – **consilium**: wie § 10.

(21) Sertoriani: Anhänger des Sertorius (s. Einleitung zum Textband, S. 13). Tatsächlich war von den drei Admiralen, die Mithridates nach Italien geschickt hatte, um den Bürgerkrieg von neuem anzufachen, nur einer Anhänger des Sertorius. Deren Flotte vernichtete Lucullus fast gänzlich. – **studium**: hier: Wut, Fanatismus. – **rapi**: hier: eilen (Konj. aus dem gleichen Grund wie bei *debeatur*, § 20). – **patefacere**: öffnen. – **ex omni aditu clausus**: aus jedem Zugang heraus, d. h. von allen Seiten verschlossen. – **quibus in oppidis** = *oppida, in quibus.* – **refertus**: gefüllt, vollgestopft. – **permulti** = *plurimi.* – **uno aditu adventuque**: sofort beim Anmarsch, d. h., ohne dass die Städte belagert werden mussten. – **supplex,** icis: Bittsteller. – **hoc**: weist voraus auf den folgenden AcI. – **obtrectare** + Dat.: bekämpfen. – **causa**: wie § 4.

(22) sic . . ., ut: so . . ., wie (s. F 25). – **praedicare**: (öffentlich) sagen, behaupten. – **quam praedicant . . . dissipavisse**: von der man sagt, dass sie . . . verstreut hat, d. h. die, wie man sagt, verstreut hat (Verschränkung von Relativsatz und AcI) – **qua**: wo. – **se**: bezogen auf Medea. – **parens**: Vater. – **persequeretur**: Konj. in Abhängigkeit vom AcI wie § 20. – **dissipare**: verstreuen. – **dispersus**: überall verstreut. – **eorum collectio dispersa**: s. F 4. – **vis**: hier: Menge. – **maximam vim . . . omnem**: s. F 20. – **rerum omnium**: aller möglichen Dinge. – **bello superiore**: im vergangenen Krieg (s. Einleitung zum Textband, S. 13). – **diripere**: rauben, plündern. – **congerere** *in aliquem locum*: an einer Stelle zusammentragen.

(23) affligere: an-, niederschlagen. – **erigere**, erexi, erectum: aufrichten. – **perditus**: hier: erledigt. – **diffidentem . . . recreavit**: s. F 8. – **plures etiam gentes**: noch mehr Völkerschaften. – **lacessere**: reizen, angreifen. – **temptare**: erausfordern. – **quas . . . neque lacessendas . . . neque temptandas** (erg. *esse*) **putavit**: zur Konstruktion (Verschränkung) s. § 22. – **opinio**: hier: Einbildung, Furcht. – **fanum**: Heiligtum, Tempel. (Welches Heiligtum gemeint ist, weiß man nicht.) – **locuples**, etis: reich. – **religiosissimus**: hochverehrt. – **orae**: hier: Gegenden. – **concitare**: in Aufruhr bringen. – **urbs ex Tigrani regno**: Gemeint ist die Stadt Tigranokerta, eine Gründung des Tigranes ördlich des Tigris. – **proeliis secundis uti**: günstige Kämpfe haben, erfolgreich kämpfen. – **desiderium**: Sehnsucht. – **suorum**: Gen. obi.

(24) illud extremum: s. *extrema* § 10. – **maturus**: rechtzeitig, rasch. – **processio**: Vormarsch. – **quaerere**: hier: verlangen. – **confirmarat** = *confirmaverat*. – **adventicius**: ausländisch, fremd. – **sic . . ., ut . . ., ut . . .**: in der Weise . . ., dass . . ., weil . . . (der Konj. videatur erklärt sich durch die innere Abhängigkeit). – **afflictus**: bedrängt. – **opes**: s.

T 3. – **allicere ad misericordiam**: zum Mitleid anziehen, d. h. mitleidig stimmen. – **maximeque**: und zwar besonders. – **nomen regale**: königlicher Titel.

(25) incolumis: unversehrt. – **itaque . . . optare**: s. F 23. – **ut . . . attingeret**: Erläuterung zu *eo, quod . . . acciderat.* – **umquam**: überhaupt jemals wieder. – **poëtae**: Gemeint sind vor allem die Dichter Naevius (ca. 265–201 v. Chr.), der am 1. Punischen Krieg teilnahm und ihn in einem Epos *(Bellum Poenicum)* darstellte, und Ennius (239–169 v. Chr.), der ein Epos *(Annales)* über die gesamte Geschichte des römischen Volkes bis in seine eigene Zeit schrieb. – **praeterire**: übergehen; s. F 26. – **nostra calamitas**: Gemeint ist die Niederlage des römischen Legaten L. Triarius bei Zela im Jahr 67 v. Chr. – **rumor**, oris m: Gerücht. – **quae tanta fuit, ut . . . afferret**: s. T 6.

(26) hic: hier (temporal). – **belli offensio** = *calamitas.* – **aliqua ex parte**: in gewisser Weise. – **incommodis mederi**: den Schaden heilen, d. h. dem Schaden abhelfen; s. T 1. – **diuturnitati modum statuere**: der Dauer ein Maß, d. h. ein Ende setzen; zur Sache: Ein altes, von Sulla erneuertes Gesetz begrenzte die Amtszeit von römischen Beamten und Feldherrn. – **stipendium**: Kriegsdienst. – **confectus**: vollendet, hier: „erledigt“, am Ende der Kräfte. – **consulto**: absichtlich. – **coniectura**: hier: Andeutung. – **perspicere**: durchschauen, hier: erschließen, erraten. – **factum**: erg. *esse.* – **quantum . . . putetis**: zur Konstruktion (Verschränkung) s. § 11. – **coniungere** *(bellum):* gemeinsam (Krieg) führen. – **agitatus**: gereizt. – **nationes** entspricht **gentes**. – **integer**: unversehrt, d. h. frisch, unverbraucht. – **novus**: neu zu ernennen, d. h. mit der militärischen Lage noch nicht vertraut.

b. Der Feldherr

(27) de imperatore ... deligendo ac ... praeficiendo: zur Konstruktion s. § 6. – **ut ... dicendum esse videatur**: s. *ut ... tribuenda esse videantur* § 10. – **innocens**: hier: rechtschaffen, unbescholten. – **deliberatio**: Überlegung, Entscheidung. – **quisnam**: wer denn. – **potissimum**: am ehesten. – **quemnam ... putaretis**: zur Konstruktion (Verschränkung) s. § 11. – **antiquitas**: alte Zeit, Vergangenheit. – **superarit** = *superaverit*. – **animum alicuius dubium facere**: jemanden zweifeln lassen. – **causa**: wie § 4. – **scientia, ae f**: Kenntnis.

(28) hoc homine: Gemeint ist Pompeius. – **pueritiae diciplinae**: Jugendunterricht. – **bello maximo**: Gemeint ist der Kampf gegen die italischen Bundesgenossen bis 87 v. Chr. – **acerrimis hostibus**: im Kampf gegen sehr gefährliche Feinde. – **extrema pueritia**: zum Ende seiner Kindheit, d. h. vor dem Anlegen der *toga virilis* mit 17 Jahren. – **summi imperatoris**: Gemeint ist der Vater des Pompeius. – **provincias conficere**: Provinzen unterwerfen. – **concupiscere** Verstärkung von *cupere*; zur Sache: Die Verwaltung einer Provinz bot reiche Möglichkeit, zu viel Geld zu kommen, und war daher sehr begehrt. – **qui saepius ... concupiverunt**: s. T 6. – **offensiones belli**: s. § 26. – **erudire ad**: ausbilden zu. – Satzaufbau:

Quis ... hoc homine scientior ... aut fuit aut esse debuit,
    qui e ludo atque e pueritiae disciplinis ... profectus est,
    qui extrema pueritia miles ... fuit ...,
        ineunte adulescentia ... imperator,
    qui saepius ... conflixit, quam ... concertavit,
        plura ... gessit, quam ... legerunt,
        plures... confecit, quam ... concupiverunt,

cuius adulescentia ... non alienis praeceptis, sed suis
imperiis,
non offensionibus belli,
sed victoriis,
non stipendiis, sed triumphis
est erudita.

fortuna: hier: Unglück. – **gesta**: zu beziehen auf *bella*, die aus dem Vorangehenden sinngemäß zu ergänzen sind. – **res in usu militari posita**: Angelegenheit im Bereich praktischer militärischer Erfahrung. – **fugere**: entgehen.

(29) iam vero: außerdem aber (markiert den Übergang zu einem neuen Gliederungspunkt). – **oratio**: hier: Worte. – **par**: hier: gleichkommend, angemessen. – **vulgo:** allgemein. – **consilium**: wie § 10. – **labor . . . providendo**: s. F 1.15. – **quos . . . audivimus** = *de quibus audivimus.* – **quae . . . fuerunt**: s. T 6.

(30) testis est . . .: s. T 2, F 12. – **confiteri**, confiteor, confessus sum: bekennen. – **subsidium**: Hilfe, Beistand. – **quam ille . . . confessus est liberatam** (erg. *esse*): zur Konstruktion (Verschränkung) s. § 22. – **explicare**: (wie aus einem Fangnetz) befreien; s. T 1. – **eorum ipsorum**: Bezieht sich auf die *hostes.* – **redundare** + Abl.: triefen, überströmen von. – **internicio**, onis f: Niedermetzelung. – **prosternere**: niederwerfen. – **iterum et saepius**: immer wieder. – **ab hoc . . . absente**: Pompeius war in Spanien (s. Einleitung zum Textband, S. 14). – **exspectatio**: Erwartung, bevorstehende Ankunft (im Gegensatz zu *adventus*, der tatsächlichen Ankunft). – **attenuare**: schwächen. – **imminuere** = *minuere.* – **sepultum**: s. T 1.

(31) nunc: Gemeint ist die Zeit des Seeräuberkrieges, der erst im Jahr zuvor beendet worden war (s. Einleitung zum Textband, S. 14; Zeittafel). – **cum . . . tum**: s. § 6. – **abditus**: abgelegen. – **qui non**: ohne dass er. – **se periculo committere**: sich einer Gefahr aussetzen. – **hieme**: zur Sache: Die Seefahrt war im Winter so lebensgefährlich, dass sie in der Regel ruhte. – **refertus**: voll von; eigentlich mit Abl., hier mit Gen. der Person. – **praedo**, onis m: Seeräuber. – **tam turpe . . .**: s. F 12. – **quis . . . arbitraretur**: wer hätte wohl geglaubt (Potentialis der Vergangenheit). – **ab . . . imperatore**: s. F 17.

(32) hosce = *hos.* – **vectigal**: s. § 4. – **praesidio esse alicui**: jemanden schützen. – **quam . . .**: Ordnung: *quam multas insulas desertas esse existimatis, quam multas urbes sociorum aut metu relictas aut a praedonibus captas esse (existimatis);* zur Konstruktion (Verschränkung) s. § 11, hier direkte Frage. – **fuit hoc quondam, fuit proprium** = *fuit hoc quondam proprium.* – **fuit . . . fuit**: s. F 12. – **propugnacula imperii**: Schutzwehren des Reiches, d. h. Heere und Flotten. – **sociorum fortunae**: Vermögen der Bundesgenossen. – **sua tecta**: s. T 4. – **dicam**: soll ich sagen . . .? (deliberativer Konjunktiv). – **cum**: wo doch. Dieser cum-Satz enthält wie die folgenden einen Einwand des Redners, der eine Erwähnung des Geschehens, an das er sich gerade erinnert, eigentlich überflüssig macht. – **a Brundisio**: aus der Gegend von Brundisium, d. h. von den Hafenanlagen Brundisiums aus. – **summa hieme**: im tiefsten Winter. – **transmittere**: hier: übersetzen, hinüberfahren. – **querar**: s. *dicam.* – **qui . . . querar**: Ordnung: *querar captos (esse) eos, qui . . . venirent.* – **redimere**: zurückkaufen, (durch Lösegeld) freikaufen. – **dicam**: s. o. *dicam.* – **duodecim secures**: zwölf Beile = pars pro toto (s. T 4) für zwölf Liktoren, die als Begleiter höherer Beamter Rutenbündel trugen, in denen Beile steckten (Symbole der obersten richterlichen Gewalt der Beamten). Hier spielt Cicero auf zwei Prätoren an, die zusammen mit ihren jeweils sechs Liktoren, die ihnen in der Provinz zustanden, gefangen genommen worden waren.

(33) commemorem: *commemorare*: erwähnen; zum Konj. s. *dicam* § 32. – **vitam ac spiritum ducere**: Leben und

Atem erhalten, d. h. leben und atmen; s. F 10. – **portus, quibus . . . ducitis**: zur Sache: Die Häfen waren für Rom insofern lebenswichtig, als große Mengen des Hauptnahrungsmittels Getreide von außen (besonders aus Sizilien und Afrika) eingeführt wurden. – **an vero**: tatsächlich nicht; Einleitung einer rhetorischen Frage (s. T 10). – **inspectante praetore:** vor den Augen des Prätors (der mit dem Schutz der Küste beauftragt war). Um welchen Prätor es sich handelt, ist unbekannt. – **eius ipsius liberos**: Es handelt sich um die Tochter (*liberos* = rhetorischer Plural) des bekannten Redners M. Antonius, der 102 v. Chr. über die Seeräuber triumphiert hatte. Sie wurde aus einer Villa bei Misenum entführt und gegen Lösegeld freigelassen. – **nam quid ego . . . querar**: s. § 32 dicam und T 10, F 26. – **Ostiense incommodum**: die Schlappe von Ostia. Über dieses Ereignis sind keine weiteren Einzelheiten überliefert. – **labes**, is f: Schande. – **ignominia**, ae f: Schmach. – **cum** + Indikativ: als (cum temporale zur Erläuterung von *illam labem atque ignominiam*). – **tantamne . . . lucem**: s. T 1.10, F 20. – **Oceani ostium**: Gemeint ist die Straße von Gibraltar. Sie wird so bezeichnet, um einen Gegensatz zum *ostium Tiberinum* zu erzeugen. – **ei**: Verstärkung von *vos*, in der Übersetzung auszulassen.

(34) haec . . . videtis: Ordnung: *quamquam videtis, qua celeritate haec gesta sint.* – **negotium obire**: einem Geschäft nachgehen. – **quaestus consequi**: Gewinne erzielen. – **studium** *rei faciendae* = *studium rem faciendi*: Eifer, etwas zu tun. – **tam brevi tempore . . ., quam celeriter**: in so kurzer Zeit . . ., wie. *Celeriter* wird ohne grammatikalische Notwendigkeit hinzugefügt. – **tanti belli impetus navigavit**: der so gewaltige Kriegssturm fuhr dahin. Es handelt sich um einen bildlichen Ausdruck in gedrängter Kürze. Denn durch die Personifikation von *impetus* und seine Verbindung *navigavit* werden zwei Bilder verbunden: zum einen das Bild des über das Meer hinwegfegenden Windes (*impetus*), zum anderen die Fortbewegung der gewaltigen Flotte (*navigavit*), die Pompeius für den Seeräuberkrieg übergeben worden war (s. Einleitung zum Textband, S. 14). – **nondum tempestivo ad navigandum mari**: als das Meer noch nicht reif für die Schifffahrt war, d. h. als die Jahreszeit eigentlich noch keine Schifffahrt zuließ (s. *hieme* § 31). – **frumentaria subsidia**: Rückhalte in der Getreideversorgung (s. § 33).

(35) confirmata: durch den Singular nur auf *Gallia* bezogen, aber im Plural zu denken und auch auf *duabus Hispaniis* zu beziehen. – **duabus . . . navibus**: Lösen Sie die beiden Abl. abs. in Hauptsätze auf parallel zu *Italiae duo maria . . . adornavit!* – **Italiae duo maria**: s. Eigennamen. – **adornare**: ausstatten, versehen mit. – **omnes, qui ubique praedones fuerunt**: In der Übersetzung ist *praedones* mit *omnes* zu verbinden. – **se imperio ac potestati alicuius dedere**: sich jemandem auf Gnade und Ungnade, d. h. bedingungslos ergeben. – **deprecator**: Fürsprecher. – **legatos deprecatoresque**: s. F 3. – **spes deditionis**: die Hoffnung, sich (unter erträglichen Bedingungen) ergeben zu können. – **obsides imperare**: die Stellung von Geiseln befehlen. – **quo bello**: Das Bezugswort *bellum* zu *quo* wird wegen der zwischengestellten Attribute innerhalb des Relativsatzes noch einmal aufgenommen, in der Übersetzung ist es wegzulassen. – **apparare** = *parare*.

(36) quid: s. § 12. – **ceterae**: erg. *virtutes*. – **paulo ante**: in § 29. – **quaerere**: hier: verlangen, fordern. – **eximius**: hervorragend. – **artes eximiae** = *virtutes*. – **administra,** ae f: Dienerin. – **innocentia**: s. *innocens* § 27. – **facilitas**, atis f: Umgänglichkeit, Freundlichkeit. – **quae**: relativer Anschluss; Ordnung: *breviter consideremus, qualia ea sint in Cn. Pompeio.* – **summa sunt**: sind im höchsten Maße vorhanden. – **ex aliorum contentione**: durch Vergleich mit anderen.

(37) ullo in numero putare: zu irgendeiner Zahl rechnen, d. h. in irgendeiner Weise achten. – **centuriatus**, us m: Stelle eines Centurio (Anführer einer Hundertschaft). – **veneant . . . venierint**: Konj. Präs. bzw. Pf. von *venire*: verkauft werden. – **magnum aut amplum cogitare**: hohe oder erhabene Gedanken haben. – **quid . . . cogitare**: erg. *putare possumus*. – **ex aerario depromere**: aus der Staatskasse nehmen; zur Sache: Die Feldherrn erhielten Gelder vom Staat zur Führung des Krieges. – **ad bellum administrandum**: zur Konstruktion s. § 4. – **cupiditas provinciae**: Begierde, seine Provinz (über die festgelegte Amtszeit hinaus) zu behalten. Zu diesem Zweck bestach man die Beamten, die auf die Verteilung der Provinzen Einfluss nehmen konnten. – **in quaestu**: gewinnbringend angelegt. – **admurmuratio**: Beifallsgemurmel. – **facit**: hier: beweist. – **agnoscere**: wiedererkennen. – **qui haec fecerint**: Obj. zu agnoscere. – **nomino neminem**: s. F 5. – **voluerit**: Fut. II, in der Übersetzung mit Präsens wiederzugeben. – **quocumque ventum sit**: wohin man auch kommt. – **itaque . . . ignorat**: Ordnung: *itaque quis ignorat, quantas calamitates nostri exercitus afferant propter hanc avaritiam imperatorum, quocumque ventum sit?*

(38) hosce: s. § 32. – **statuere**: feststellen. – **quid . . . existimetis**: zur Konstruktion (Verschränkung) s. § 11. – **plures . . . urbes**: s. F 20. – **armis hostium urbes an hibernis sociorum civitates**: s. F 15; zur Sache: Ein römisches Winterquartier war für die Städte insofern eine große Belastung, als zum einen die Soldaten von der Umgebung mit Nahrungsmitteln versorgt werden mussten, andererseits auch Übergriffe der Soldaten auf die Zivilbevölkerung nicht ausblieben. – **continere**: in Schranken halten. – **in iudicando**: bei der Rechtsprechung (insbesondere, wenn Übergriffe von Soldaten auf die Bevölkerung zu untersuchen waren). – **severus**: gewissenhaft, streng.

(39) hic: hier (temporal). – **excellere** + Dat.: überragen. – **non modo**: hier: nicht nur nicht, nicht nur kein. – **manus tanti exercitus**: Gedacht ist an Gewalttätigkeiten der Soldaten gegen die Einwohner und an Plünderungen. – **vestigium**: Fußtritt. Gedacht ist an das Zertreten von Wiesen und Feldern beim Marsch. – **pacatus**: Befriedeter, d. h. Bürger eines Landes, das in vertraglich geregelten friedlichen Beziehungen zu Rom stand, d. h. Rom praktisch unterworfen war. – **iam vero**: s. § 29. – **perferre**: hier: überbringen. – **sumptum facere**: Aufwendungen machen. – **vim afferre alicui**: jemanden zwingen. – **cupienti**: erg. *sumptum facere*. – **perfugium** + Gen.: Zuflucht vor etwas oder für etwas. – **in . . . tectis**: s. T 4.

(40) age vero: nun aber; lebhafte Überleitung zu einem anderen Gedanken. – **qua . . . temperantia**: Abl. qualitatis. – **unde**: hier: wie. – **tanta celeritas**: gemeint ist das Tempo, das in §§ 34 + 35 geschildert wird. – **incredibilis cursus**: unglaublich rasche Fahrt. – **inventum**: erg. *esse*; *inveniri*: hier: gefunden, erreicht, ermöglicht werden. – **unde . . . utatis**: zur Konstruktion (Verschränkung) s. § 11, hier direkte Frage. – **remex**, igis m: Ruderer. – **gubernare**: steuern. – **remorari**: aufhalten, hemmen. – **eae res, quae ceteros remorari solent**: Gemeint sind die Dinge, die Cicero in § 22 schildert. – **devocare**: vom Weg abrufen, locken. – **amoenitas**: erg. *locorum:* die Lieblichkeit der Landschaft. – **nobilitas**: hier: der berühmte Name. – **non denique**: hier: nicht einmal. – **signa . . . tabulae . . . ornamenta**: Statuen . . . Gemälde . . . Kunstwerke (zu *ornamenta* s. T 3); zur Sache: Das Sammeln griechischer Kunstschätze war in Rom zu einer Mode geworden, und so verschleppten römische Beamte und Offiziere sie aus Griechenland, um ihre Villen damit zu schmücken. – **visere**: besichtigen.

(41) **haec urbs**: Rom. – **delabi**: herabsteigen. – **quod**: bezieht sich auf den voranstehenden AcI und damit auf

die Tatsache, dass es in Rom tatsächlich einmal Menschen mit Selbstbeherrschung gegeben hat. – **memoriae prodere**: überliefern. – **nunc . . . coepit**: s. T 1. – **tum, cum** + Ind.: damals, als . . . – **temperantia** = *continentia.* – **iam vero**: s. § 29. – **aditus** + Gen.: Möglichkeit des Zutritts für jemanden. – **liber**: hier: unbehindert. – **querimonia**, ae f: Klage, Beschwerde. – **dicitur** und **dicuntur** + NcI: es heißt (man sagt), dass . . . – **principes**: die Mächtigsten (Gegensatz zu *infimi*). – **facilitas**: s. § 36. – **infimi**: die Niedrigsten. – **esse videatur**: s. *ut . . . tribuenda esse videantur* § 10.

(42) iam: außerdem. – **consilium**: s. § 10. – **dicendi gravitas et copia**: Fähigkeit, eine Rede gut zu formulieren *(copia)* und feierlich vorzutragen *(gravitas)*. – **in quo ipso**: gerade darin. – **hoc ipso ex loco**: an eben dieser Stelle; s. *hic locus* § 1. – **quantus**: hier: wieviel. – **existimari**: gelten. – **fidem . . . putatis**: Ordnung: *quantam fidem . . . existimari putatis*; zur Konstruktion (Verschränkung) s. § 11, hier direkte Frage. – **hostes omnes omnium generum**: s. F 14. – **sanctissimus**: hier: unantastbar, unverbrüchlich. – **utrum . . . dilexerint**: s. F 15.22. – **quisquam dubitabit, quin**: wer wird zweifeln, dass (s. T 10). – **ad omnia bella . . . conficienda**: zur Konstruktion s. § 4. – **nostra memoria**: unsere Zeit.

(43) administrare: hier: leiten. – **in bellis administrandis**: zur Konstruktion s. § 4. – **multum**: Obj. zu *valet.* – **quin**: dass. – **ea res** = *auctoritas.* – **ad bella administranda**: zur Konstruktion s. § 4. – **vehementer autem pertinere . . .**: AcI abhängig von *quis ignorat.* Der Subjektsakkusativ des AcI wird gebildet durch den indirekten Fragesatz *quid hostes, quid socii . . . existiment.* – **contemnere**: verachten. – **odisse**: hassen. – **ut . . . ament**: abhängig von *commoveri.* – **opinio**: subjektive Meinung. – **ratio**: vernünftiger Grund. – **iudicia facere**: *magna iudicia facere de aliquo*: ein hervorragendes Urteil über jemanden fällen. Gemeint ist, dass

Pompeius zweimal vom Volk zum Konsul gewählt und mit der Führung des Seeräuberkrieges beauftragt wurde.

(44) an vero . . . putatis: s. T 10. – **quo non . . . pervaserit**: wohin . . . nicht gelangt ist = dass dorthin . . . nicht gelangt ist (konsekutiver Relativsatz). – **illius diei . . ., cum** = *illius diei . . ., quo.* Gemeint ist der Tag, an dem über die *lex Gabinia* verhandelt wurde (s. Einleitung zum Textband, S. 14): – **refertus**: voll. – **complere**: (an)füllen. – **hic locus**: s. § 1. – **deposcere**: Verstärkung von *poscere.* – **confirmare**: bekräftigen. – **qui quo die** = *eo die, quo is.* – **vilitas**, atis f: Billigkeit (des Getreides; zur Bedeutung des Getreides in Rom s. § 33). – **caritas**: hoher Preis, Teuerung. – **consequi ex**: folgen nach, auf. – **unius hominis**: Gen. obi. zu *spe* (Hoffnung auf . . .), Gen. subi. zu *nomine.* – **ubertas**, atis f: Fruchtbarkeit.

(45) iam: s. § 42. – **calamitas**: Gemeint ist die § 25 erwähnte Niederlage bei Zela. – **invitus**: ungern. – **admonere de aliqua re**: an etwas erinnern. – **amisissetis**: Prädikat des Hauptsatzes. – **ad ipsum discrimen eius temporis:** gerade in dieser entscheidenden kritischen Lage. – **divinitus**: gleichsam vom Himmel herab, von den Göttern geschickt (Adv.). – **inflatus**: aufgeblasen. – **continere**: in Schach halten. – **minitari**: Verstärkung von *minari:* (an) drohen. – **quisquam dubitabit**: s. § 42. – **perfecturus sit . . . conservaturus sit**: Übersetzung mit deutschem Futur. – **ipso nomine ac rumore**: vgl. *ipse* § 13.

(46) age vero: s. § 40. – **illa res**: weist voraus auf die quod-Sätze: die Tatsache, dass . . . – **quantam . . . auctoritatem**: s. F 20. – **Cretensium legati**: s. Eigennamen. – **cum**: konzessiv. – **noster imperator**: Gemeint ist Q. Metellus; s. Eigennamen: *Cretenses.* – **in ultimas terras**: d. h. nach Pamphylien (zwischen Pisidien und Kilikien, s. Karte), das zwar von Rom tatsächlich sehr weit entfernt liegt, nicht aber von Kreta. – **idem . . . misit:** zur Sache: Ein Gesandter des Mithridates an Pompeius wird sonst nirgends erwähnt. – **eum**: erg. *dico:* ich meine denjenigen, . . . – **ad eum potissimum**: gerade zu ihm (gemeint ist Pompeius). – **speculator**: Kundschafter. – **constituere**: ermessen. – **amplificare**: vergrößern, erhöhen. – **quantum . . . valituram esse existimetis**: zur Konstruktion (Verschränkung) s. § 11. – **hanc . . . existimetis**: Ordnung: *quantum hanc auctoritatem . . . amplificatam . . . valituram esse existimetis.*

(47) praestare de se ipso: von sich aus gewährleisten. – **meminisse et commemorare** *(felicitatem)* **de altero**: sich an das Glück bei einem anderen erinnern (s. F 10). – **aequus**: recht, billig. – **aequum est**: erg. *dicere.* – **profecto**: meiner festen Überzeugung nach. – **amplitudo**, inis f: Größe. – **ad res magnas bene gerendas**: zur Konstruktion s. § 4. – **divinitus**: s. § 45. – **non ut** = *ut non* (wegen des folgenden *sed ut*). – **esse videatur**: s. *ut . . . tribuenda esse videantur* § 10. – **invisus**: zum Neid, zur Missgunst reizend. Nach antiker Auffassung ruft zu großes menschliches Glück den Neid der Götter hervor. – **ingratus**: undankbar, d. h. ohne Einsicht dafür, dass menschliches Glück ein Geschenk der Götter ist. – Satzaufbau:

De huius hominis felicitate, de quo nunc agimus,
hac utar moderatione dicendi
    non ut . . . dicam,
    sed ut . . . videamur,
            ne aut invisa . . . oratio . . .
               aut ingrata esse videatur.

(48) non sum praedicaturus: s. F 26. – **domi militiae**: in Krieg und Frieden. – **ut**: wie. – **obtemperare, oboedire, obsecundare**: gehorchen, Gefolgschaft leisten. – **obtemperarint** = *obtemperaverint.* – **obsecundarint** = *obsecundaverint.* – **ut . . . obsecundarint**: s. F 7. – **impudens**: unverschämt. – **tot et tantas res**: so viel Hervorragendes. – **quot et quantas**: wie (entspricht *tot et tantas*). – **deferre aliquid**

ad aliquem: jemandem etwas übertragen. – **cum . . . tum**: s. § 6.

c. Schlussfolgerung

(49) ut neglegi non possit: s. T 5. – **dubitare quin**: hier: zögern, etwas zu tun. – **quare . . . dubitatis**: Hauptsatz. – **hoc tantum boni**: dieses große Gut. – **in** (= *ad*) **rem publicam conservandam atque amplificandam**: zur Konstruktion s. § 4. – **conferre in**: verwenden für.

(50) quodsi: wenn aber. – **erat diligendus**: er wäre zu wählen, müsste gewählt werden. (Der Irrealis steht beim Gerundivum im Indikativ.) – **nunc, cum**: nun aber, wo. – **ab iis, qui habent** (erg. *exercitum*): Lucullus und Glabrio (s. Einleitung zum Textband, S. 13 und Eigennamen). – **accipere**: erg. *exercitum*. – **bellum regium**: Krieg gegen die Könige Mithridates und Tigranes. – **committamus**: deliberativer Konjunktiv (s. *dicam* § 32).

5. Widerlegung der Gegner

(51) at enim: nun aber. – **summis ornamentis . . . praeditus**: mit höchsten Auszeichnungen versehen, d. h. in höchstem Maße ausgezeichnet. – **honos**: Amt (gemeint ist das Konsulat des Hortensius). Die Genitive geben an, worin Hortensius sich auszeichnet. – **fortuna**: wie § 32. – **ab hac ratione dissentire**: nicht dieser Meinung sein. – **auctoritas**: Ansehen, Geltung, d. h. das, was andere über einen denken. Während Cicero bei Pompeius vor allem sein militärisches Ansehen in den Vordergrund gestellt hat, d. h. das, was Bundesgenossen und Feinde über ihn dachten, geht es ihm bei Catulus und Hortensius insbesondere um ihr politisches Ansehen, das sie sich durch frühere bedeutende politische Leistungen als Beamte (als Träger eines *honos*) erworben hatten. Bei politischen Entscheidungen war es immer wichtig, ob eine Meinung von Männern vertreten wurde, die *auctoritas* besaßen, oder nicht. – **multis locis**: bei vielen Gelegenheiten. – **causa**: s. § 4. – **omittere**: außer Acht lassen. – **ipsa re ac ratione**: nach rein sachlichen Erwägungen. – **hoc**: umso. – **summa**: s. § 13. – **omnia**: s. § 13. – **quod . . . omnia**: Ordnung: *quod idem isti concedunt ea omnia, quae . . . dicta sunt, vera esse et necessarium bellum esse et . . . summa esse omnia.*

(52) omnia tribuere: alle Machtbefugnisse übertragen. – **omnia deferre** = *omnia tribuere.* – **obsolescere**, obsolesco, obsolevi: Ansehen und Wert verlieren. – **oratio**: wie § 29. – **refutare**: widerlegen, abweisen. – **copia**: Fülle der zur Verfügung stehenden Worte, d. h. Redegewandtheit. – **facultas dicendi**: s. § 2. – **pro tua . . . facultate dicendi**: entsprechend deiner . . . Redebegabung (kausal), d. h. da du ja redebegabt bist. – **fortis**: energisch. – **de uno imperatore . . . constituendo**: zur Konstruktion s. § 6 (*consituere:* hier: einsetzen). **legem promulgare**: einen Gesetzesvorschlag veröffentlichen. – **ex hoc ipso loco**: s. § 42.

(53) quid: s. § 12. – **vera causa**: die wahre Sache, d. h. die Sache an sich. – **ex omnibus provinciis commeatus**: Verkehr mit allen Provinzen. – **transmarinus,** a, um: in Übersee. – **rem obire:** einem Geschäft nachgehen.

(54) non dico: ich rede nicht von . . . (s. F 26). – **Atheniensium**: Gen. abhängig von einen zu ergänzenden Objekt *civitatem.* – **permultum** = *plurimum.* – **nostra memoria**: s. § 42. – **disciplina navalis et gloria**: Kenntnis und Ansehen in der Seefahrt. – **aliqua pars**: wenigstens ein gewisser Teil. – **per se ipsa**: aus eigener Kraft. – **quae non . . . defenderet**: dass sie nicht verteidigen konnte (konsekutiver Relativsatz). – **hercules**: beim Hercules! (Ausruf des Erstaunens oder Ärgers) – **aliquot annos continuos**: etliche Jahre lang ohne Unterbrechung. – **cuius . . . permanserit**: konzessiver Relativsatz. – **invictum**: rhet. Übertreibung (s. T 6) bzw. Unkorrektheit, da die römische Flotte z. B. im 1. Punischen Krieg (249 v. Chr.) eine vernichtende Niederlage erlitt. – **ac**: hier: oder vielmehr. – **utilitas**, atis f: Vorteile (aus Steuereinnahmen und überseeischem Handel). – **carere**: hier: verzichten müssen.

(55) superarunt = *superaverunt.* – **ii**: Wiederaufnahme von *nos*; in der Übersetzung wiederzugeben durch „wir". – **par** + Dat.: gleichwertig, gewachsen. – **omnes socios . . . salvos praestare**: die Sicherheit aller Bundegenossen garantieren. – **ora**: hier: Gegend – **quo**: wohin. – **merces**, ium: Waren. – **onera**, um n: hier: Ladung, Frachten. – **commeare**: (hin)fahren. – **refertus**: angefüllt. – **carere**: s. § 54. – **in hunc ipsum locum**: vgl. § 42. – **exuviae nauticae**: erbeutete Schiffsschnäbel. Vom Schiffsschnabel, der auch mit dem Wort *rostrum, i* n bezeichnet wurde, leitet sich die Bezeichnung der Rednerbühne her. Denn da sie mit erbeuteten Schiffsschnäbeln geschmückt war, hieß sie *rostra, orum* n. – **spolia**, orum n: erbeutete Rüstung.

(56) bono animo: hier: in guter, redlicher Absicht. – **ea quae sentiebatis**: eure Meinung. – **una lex**: die *lex Gabinia* (s. Einleitung zum Textband, S. 14). – **unus vir**: Pompeius. – **unus annus**: das Jahr 67 (s. Einleitung zum Textband, S. 14). – **aliquando**: endlich einmal. – **vere**: in Wahrheit, wirklich. – **imperare** + Dat.: jemanden beherrschen.

(57) quo (beim Komparativ): umso. – **obtrectare** + Dat.: entgegenarbeiten. – **dicam**: s. § 32. – **anne**: wie *an.* – **legare alicui aliquem**: einem jemanden zum Legaten geben; zur Sache: Die Legaten wurden eigentlich vom Senat bestimmt. Pompeius hatte zwar für den Seeräuberkrieg die Vollmacht erhalten, seine Legaten selbst ernennen zu dürfen, jedoch war Gabinius zur Zeit des Seeräuberkrieges

Volkstribun, konnte also nicht gleichzeitig Legat sein. Für das folgende Jahr konnte seine Ernennung durch ein Gesetz verhindert werden, demzufolge niemand eine Befehlshaberstelle bekleiden oder Anteil an ihr haben durfte, wenn er sie selbst beantragt hatte. Offensichtlich hat Pompeius auch darauf verzichtet, auf Biegen oder Brechen von seinem Ernennungsrecht Gebrauch zu machen, da die Ernennung des Gabinius, wie sich im Folgenden zeigt, vor dem Senat verhandelt wurde. – **expetenti ac postulanti**: s. F 10. – **postulare**: als ein Recht verlangen. – **idoneus, qui impetret**: würdig, zu bekommen. – **expilare**: ausplündern, berauben. – **ad expilandos socios**: zur Konstruktion s. § 4. – **lege . . . constitutum esse**: durch ein Gesetz begründet worden sein. – **expers** + Gen.: ohne Anteil an etwas. – **periculo**: zur Sache: Gabinius war tatsächlich in Lebensgefahr geraten, außerdem war er als Antragsteller für die Folgen seines Antrags verantwortlich. – **constituere**: hier: einsetzen, ernennen. – Satzaufbau:

Utrum ille, qui postulat . . . legatum,
idoneus non est, qui impetret (eum), quem velit,
cum ceteri . . ., quos voluerunt, legatos
eduxerint,
an ipse, cuius lege salus ac dignitas . . . constituta est,
expers esse debet eius imperatoris atque eius
exercitus, qui . . . est constitutus?

(58) tribuni plebi = *tribuni plebis*. – **quos . . . honoris causa nomino**: Höflichkeitsformel, mit der man sich entschuldigt, wenn man den Namen eines Unbeteiligten nennt, vor allem in negativem Zusammenhang. – **anno proximo legati esse potuerunt**: zur Sache: Cicero suggeriert mit der Erwähnung der vier Männer, dass sie als Tribunen an der Wahl von Feldherrn mitgewirkt und im folgenden Jahr als deren Legaten gedient haben. Aller Wahrscheinlichkeit nach waren ihre Fälle jedoch nicht genauso gelagert wie der des Gabinius, da sich Cicero eine nähere Ausführung sonst sicher nicht hätte entgehen lassen. – **in uno Gabinio**: nur bei Gabinius. – **praecipuo iure esse**: ein ganz besonderes Recht, d. h. ein Vorrecht genießen. – **deberet**: er hätte wohl müssen (Potentialis der Vergangenheit). – **de quo legando**: über dessen (des Gabinius) Ernennung zum Legaten. – **ad senatum referre**: im Senat (über etwas) berichten, d. h. etwas zur Diskussion stellen mit der Absicht, einen Beschluss herbeizuführen. – **dubitare**: hier: zögern. – **gravari**: sich weigern. – **ego me profiteor relaturum**: zur Sache: Als Prätor hatte Cicero das Recht, im Senat einen Antrag zu stellen. – **impedire, quo minus** = *impedire, ne*. – **vobis fretus**: auf euch (ihr Bürger) gestützt. – **vestrum ius atque beneficium**: Gemeint ist die Vollmacht, die Legaten zu ernennen, die die Volksversammlung dem Pompeius verliehen hatte. – **intercessio**, onis f: Einspruch eines Volkstribunen, Konsuls oder Prätors, gegen den Cicero nichts unternehmen konnte. – **ascribitur**: darf gerechnet werden als, darf gelten als. – **bellum suscipiendum deferre**: die Durchführung des Krieges übertragen. – **suffragium**: Abstimmung, Stimme. – **delatum susceptumque:** erg. *bellum*.

(59) auctoritas et sententia: Meinung, die durch sein Ansehen Gewicht erhält (s. F 3). – **dicendum esse videatur**: s. *ut . . . tribuenda esse videantur* § 10. – **quaerere** *ex aliquo:* jemanden fragen. – **cum . . . quaereret**: zur Sache: Catulus stellte die folgende Frage in einer Volksversammlung. – **si quid eo factum esset**: s. T 8. – **in quo spem essetis habituri**: indirekter Fragesatz, abhängig von *quaereret; habituri essetis* dient zur Bezeichnung der Nachzeitigkeit. – **cum** + Indikativ: dadurch dass, indem. – Ordnung, Satzaufbau:

Qui
cum ex vobis quaereret,
si in uno ... omnia poneretis,
in quo spem essetis habituri,
si quid eo factum esset,
cepit magnum ... fructum ...,
cum omnes ... dixistis.

in hoc ipso: gerade darin (weist voraus auf den quod-Satz, in dem sinngemäß „meiner Ansicht nach“ zu ergänzen ist). – **ab eo**: Gemeint ist Catulus. – **quo minus ... hoc magis**: je weniger ... desto mehr. – **dum**: solange. – **viri vita atque virtute**: s. F 21.

(60) at enim: s. § 51. – **ne quid novi fiat contra exempla atque instituta maiorum**: zur Sache: Für politische Entscheidungen der Römer bildeten die *exempla maiorum,* d. h. die Frage, wie früher in ähnlichen Fällen entschieden worden war, die Leitlinie. Im Folgenden zählt Cicero frühere Fälle auf, bei denen gegen einen Hauptgrundsatz der römischen Verfassung entschieden wurde, nämlich eine politisch bzw. militärisch führende Stellung nicht über längere Zeit einem Einzelnen zu übertragen. Dieser Grundsatz sollte die Häufung und Konsolidierung persönlicher Macht und damit die Möglichkeit einer Alleinherrschaft verhindern. – **consuetudo**: hier: Tradition, Herkommen. – **casus temporum**: Situationen. – **consiliorum rationes**: Methoden. – **accommodare**: anpassen. – **ab uno imperatore**: Gemeint ist P. Cornelius Scipio Aemilianus Africanus Minor Numantinus. – **videtur alicui**: es scheint jemandem gut, er beschließt. – **ut idem ... administraret**: grammatikalisch abhängig von *esse visum* und parallel zu *ut ... spes ... poneretur,* inhaltlich eine Folge aus dem letzten. – **non dicam ... non dicam ... non commemorabo**: s. F 12.26. – **in ipso ... recordamini**: Ordnung: *recordamini, quam multa nova Q. Catuli summa voluntate con-*

stituta sint in Cn. Pompeio, in quo Q. Catulus nihil novi constitui vult.

(61) quid tam . . .: hier wie im Folgenden: s. T 10, F 12. – **tempus**: hier: Lage. – **exercitum conficere**: hier: ein Heer aufstellen. – **consuetudo**: s. § 60. – **peradulescens**: blutjung. – **aetas a senatorio gradu longe abest**: sein Alter ist noch weit vom Senatorenrang entfernt, d. h. er ist noch lange nicht in dem Alter, in dem man Senator werden kann. (Senator wurde man mit der Wahl zur Quästur, für die ein Mindestalter von 30 Jahren vorgeschrieben war. Pompeius war 24 Jahre alt.) – **bellum . . . administrandum**: die Leitung des Krieges. – **deportare**: zurückbringen (aus Afrika nach Italien). – **visere**: anschauen. – **concelebrare**: feiern, festlich begehen.

(62) cum . . . essent: *esse:* hier: da sein. – **ad bellum**: Gemeint ist der Krieg gegen Sertorius (s. Einleitung zum Textband, S. 13-14). – **formidolosus**: Furcht erregend, schrecklich. – **pro consule**: In Vertretung eines Konsuls (staatsrechtlicher Begriff). – **non nemo**: mancher; s. F 5. – **sua sententia**: *sententia* ist der übliche Ausdruck für die Meinung, die ein Senator in einer Sitzung äußert und mit der er abstimmt. – **pro consulibus**: im Gegensatz zu *pro consule* keine staatsrechtliche Formel, sondern eine schlagfertige Entgegnung auf die Einwände der Gegner mit einer Anspielung darauf, dass beide Konsuln es abgelehnt hatten, die Kriegsführung gegen Sertorius zu übernehmen. – **rem publicam gerere**: die Geschicke des Staates lenken. – **spem constituere in aliquo**: auf jemanden Hoffnung setzen. – **ex senatus consultu**: auf Grund eines Senatsbeschlusses. – **legibus solutus**: von den gesetzlichen Bestimmungen befreit. (Ein Konsulatsbewerber musste mindestens 43 Jahre alt sein und den üblichen *cursus honorum* durchlaufen haben (s. Einleitung zum Textband, S. 13–14.) – **ut iterum eques Romanus . . . triumpharet**:

s. Einleitung zum Textband, S. 14. – **post hominum memoriam**: seit Menschengedenken. – **quae . . . vidimus**: s. T 6, F 22.

(63) tot . . . tanta . . . tam nova: s. F 8. – **proficisci**: hier: ausgehen von. – **in eundem hominem**: Gemeint ist Pompeius. – **periniquus**: sehr unbillig, ungerecht. – **iudicium**: s. §§ 2.43. – **illorum auctoritatem . . . a vobis comprobatam semper esse**: zur Sache: Einer Zustimmung des Volkes z. B. zur Übergabe des Oberbefehls gegen Sertorius an Pompeius bedurfte es nicht. – **suo iure**: mit vollem Recht. – **vel**: hier: sogar. – **reclamare**: widersprechen. – **quem . . . praeponeretis**: um ihn . . . an die Spitze zu stellen (finaler Relativsatz).

(64) isti: Gemeint sind die Senatoren. – **aliquando**: s. § 56. – **isti principes**: Gemeint sind die Führer der Senatspartei. – **et sibi et ceteris**: Dat. auct. beim Gerundivum. – **auctoritati**: Dativobjekt. – **fateantur**: adhortativer Konjunktiv. – **in hoc bello Asiatico et regio**: s. *bellum regium* § 50. – **requirere**: verlangen. – **interiores nationes**: binnenländische Völker. – **nihil aliud cogitare nisi de**: an nichts anderes denken als an. – **laus**: Ruhm. – **etiamsi qui**: *qui* = *aliqui*. – **tamen . . . arbitratur**: Ordnung: *tamen propter multitudinem cupidorum hominum nemo arbitratur eos tales esse.*

(65) in odio esse: gehasst werden. – **fanum**: Heiligtum, Tempel. – **religiosus**: heilig, ehrwürdig. – **quod fanum putatis . . . religiosum . . . fuisse**: zur Konstruktion (Verschränkung) s. § 11, hier direkte Frage. – **locuples**, etis: reich. – **requirere** = *quaerere:* – **quibus causa belli . . . inferatur**: damit ein Kriegsgrund gegen sie geltend gemacht werden kann (finaler Relativsatz).

(66) norunt = *noverunt.* – **norunt . . . audiunt**: s. F 15.16. – **vulnera**: Leiden, Sorgen (s. T 1). – **hostium simulatione**: unter dem Vorwand, es handle sich um Feinde. – **non modo . . ., sed**: ich will gar nicht sagen . . ., sondern nur.

– **animos ac spiritus**: hier: Begierde und Hochmut. – **capere**: hier: stillen (eigentlich groß genug sein, um etwas aufnehmen zu können). – **etiamsi quem**: s. § 64 Ende. – **collatis signis**: in einer Schlacht. – **gaza**, ae f: Schatz. – **manus, oculos, animum prohibere ab aliqua re**: etwas nicht berühren, nicht ansehen, nicht einmal daran denken (s. F 8). – **bellum Asiaticum regiumque**: s. *bellum regium* § 50. – **idoneus, qui ad bellum . . . mittatur**: geeignet, dass er geschickt wird, den Krieg zu führen (finaler Relativsatz).

(67) ecquam = *quam.* – **ecquam putatis**: zur Konstruktion (Verschränkung) s. § 11 (s. T 10, F 17), hier direkte Frage. – **requirere**, -quiro, -quisivi, -quisitum: wie § 64. – **praetores**: die Prätoren als militärische Befehlshaber. – **locupletari**: sich bereichern. – **pecunia publica**: zur Sache: In § 37 hatte Cicero bereits erwähnt, dass römische Beamte öffentliche Gelder, die sie zur Kriegsführung erhielten, in Rom für ihren eigenen Profit anlegten. – **classium nomine**: mit den so genannten Flotten (die wegen der genannten Praktiken römischer Beamter schlecht ausgerüstet waren, teilweise nur auf dem Papier bestanden). – **accipere**: hier: erleiden. – **detrimentis accipiendis**: zur Konstruktion s. § 2. – **quibus iacturis, quibus condicionibus**: unter welchen Verlusten, unter welchen Zinsbedingungen; zur Sache: Der finanzielle Aufwand, den römische Politiker betreiben mussten, um zum Prätor oder Konsul gewählt zu werden, war ungeheuer hoch. Da ihr eigenes Vermögen dazu in aller Regel nicht ausreichte, liehen sie sich Geld zu hohen Zinsen. Während ihrer Provinzstatthalterschaft, die sich jeweils an die Prätur und das Konsulat anschloss, gelang es aber den meisten, nicht nur ihre eigenen Aufwendungen wieder hereinzuholen und das geliehene Geld samt Zinsen zurückzuzahlen, sondern auch noch einen beträchtlichen Gewinn zu machen (s. § 28 über die Beliebtheit der Statthalterschaften). – **videlicet**: natürlich

(s. T 8). – **quasi vero . . . videamus**: als ob wir nicht sähen (s. T 8). – **cum . . . tum**: schon . . . besonders aber. – **aliena vitia**: Fehler der anderen.

(68) dubitare quin: wie § 49. – **credere omnia** = *omnia tribuere* (§ 52). – **qui . . . sit**: kausaler Relativsatz. – **quem socii . . . venisse gauderent**: über dessen Ankunft die Bundesgenossen sich freuten (Verschränkung von konsekutivem Relativsatz mit AcI).

6. Schlusswort

auctoritates: hier: Gutachten angesehener Männer. – **causa**: wie § 4. – **auctor**: angesehener Ratgeber. – **bella omnia**: Kriege aller Art. – **exstiterunt** = *sunt*. – **deliberare**: überlegen, beratschlagen. – **vestra beneficia**: zur Sache: Curio war Konsul und hatte einen Triumph gefeiert. Die Wahl zu einem Amt wird als *beneficium* des Volkes dem Politiker gegenüber bezeichnet. – **pro amplissimis vestris honoribus**: in Anbetracht der Ehrenämter (Konsulat und Zensur), die ihr ihm übertragen habt. – **in quo . . . esse cogno(*vi*)stis**: in dem . . . ist, wie ihr wisst (Verschränkung von Relativsatz und AcI). – **consilium**: wie § 10. – **gravitas**: Besonnenheit. – **integritas**: Anständigkeit – **veritas**: Wahrheitsliebe. – **videte ut**: seht zu, wie (indirekte Frage), d. h. achtet darauf, dass. – **posse videamur**: s. *ut . . . tribuenda esse videantur* § 10.

(69) legem . . . voluntatem . . . sententiam: den Gesetzesantrag . . . die Absicht (die hinter dem Antrag steckt) . . . die Ansicht (die sich in der Einbringung des Antrags äußert). – **auctore populo Romano**: mit der Unterstützung des römischen Volkes. – **pertimescere**: s. § 20. – **perseverantia**: Beharrlichkeit. – **studium**: Eifer, Begeisterung. – **quantam**: wie (bezogen auf *tantam*). – **iterum nunc**: jetzt zum zweiten Mal. Das erste Mal war bei der Abstimmung über die *lex Gabinia*, s. Einleitung zum Textband, S. 14. – **in eodem homine praeficiendo**: da demselben Mann der Oberbefehl übertragen werden soll. – **facultas**: Möglichkeit. – **quid**, **quod dubitemus de . . .**: warum sollten wir zweifeln an . . . ? – **hoc beneficio**: Gemeint ist die Wahl zum Prätor (s. § 68). – **ad hanc rem conficiendam**: zur Konstruktion s. § 4. – **deferre**: hier: zur Verfügung stellen.

(70) testari omnes deos: bei allen Göttern versichern. – **huic loco**: s. § 1. – **templum**: geweihte Stätte (gemeint ist die Rednerbühne). – **praesidere** + Dat.: schützen; zur Sache: Gemeint sind die Götter, deren Tempel rings um das Forum stehen. – **ad rem publicam adire**: sich der Politik widmen, politisch tätig sein. – **neque . . . neque quo . . . neque quo**: nicht . . . und nicht, weil . . ., und nicht, weil . . . – **rogatu cuiusquam**: auf Bitten irgendeines Menschen. – **conciliare**: erwerben. – **causa**: wie § 3; zur Sache: s. Einleitung zum Textband, S. 15. – **ex cuiusquam amplitudine**: durch die Machtstellung irgendeines Menschen. – **praesidia periculis**: Schutz vor (für) Gefahren (finaler Dativ). – **adiumenta honoribus**: Unterstützung für die Erlangung von Ämtern (finaler Dativ). – **quaerere**: hier: sich zu verschaffen suchen. – **ut hominem praestare oportet**: soweit ein Mensch es garantieren kann. – **tectum** = *vita* (s. T 1). – **ratio**: wie § 3. – **si vestra voluntas feret**: wenn es euer Wille mit sich bringt, wenn ihr wollt.

(71) mihi susceptum est = *a me suceptum est.* – **quaesi**(*vi*)**sse videar**: s. *ut . . . tribuenda esse videantur* § 10. – **bona gratia**: Verstärkung von *gratia.* – **tantum abest, ut . . . mihi. . . quaesisse videar, ut . . . intellegam**: es fehlt so viel daran, dass ich mir . . . zu verschaffen gesucht habe, dass ich sogar feststelle . . ., d. h. ich habe mir nicht nur nicht verschafft . . ., sondern ich erkenne sogar . . . – **simultas**, atis f: Feindschaft. – **non inutilis**: s. T 5. – **rationes**: Interessen.

III. Kommentar zu *Pro Murena*

1. Prooemium

(1) precari: etwas erbitten. – **more institutoque maiorum**: nach Sitte und Brauch der Vorfahren. (Zur Vorbildfunktion der *exempla maiorum* vgl. P 60) – **auspicato**: nach Abhaltung der Vogelschau (Auspizien); zur Sache: Die Vogelschau, ein religiöser Akt, bei dem aus dem Flug, dem Geschrei oder Fressen der Vögel der Wille der Götter erkundet wurde, musste vor jeder wichtigeren politischen Handlung von den leitenden Beamten, teilweise mit Unterstützung von Priestern (Auguren) abgehalten werden. In diesem Fall sollte die Vogelschau Aufschluss geben, ob die Wahl abgehalten werden konnte. – **comitiis centuriatis**: bei den Zenturiatskomitien, d. h. bei der nach Zenturien abstimmenden Volksversammlung (s. P 2). – **renuntiare**: feierlich bekannt geben. – **ea res**: Gemeint ist die Wahl des Murena zum Konsul. – **fides magistratusque meus**: die Machtausübung meines Amtes. – **populus plebsque Romana**: das ganze römische Volk (Formel aus der Zeit, in der die Plebejer noch keine Vollbürger waren, d. h. noch nicht zum *populus* gehörten; hier dient sie zur Hervorhebung). – **ob . . . consulatum . . . obtinendum**: wegen des Erhalts des Konsulats, d. h. damit das Konsulat erhalten bleibt. – **salus**: Wohlergehen, d. h. hier die gesamte (bürgerliche) Existenz. Wenn nämlich Murena wegen *ambitus* (s. Einleitung zum Textband, S. 15–16) verurteilt worden wäre, hätte die Bestrafung in einer zehnjährigen Verbannung und der Ausstoßung aus dem Senat bestanden. Damit wäre Murena gesellschaftlich und politisch ruiniert gewesen. – **cum populi Romani voluntatibus suffragiisque**: mit dem Willen und der Wahlentscheidung des römischen Volkes. (Der Wille drückt sich in der Wahlentscheidung aus, s. F 3) – Satzaufbau:

quae precatus a dis ... sum ... illo die, quo ... renuntiavi,
ut ea res ... eveniret,
eadem precor ab isdem dis ... ob ... consulatum ...
obtinendum,
et ut vestrae mentes ...
consentiant,
eaque res ... afferat.

sollemnis, e: feierlich. – **illa ... precatio**: Gemeint ist die eben erwähnte Bitte, die Cicero an jenem Tag ausgesprochen hatte, als Murena zum Konsul gewählt wurde. – **consularibus auspiciis consecrata**: zur Sache: Die von einem Konsul abgehaltene Vogelschau war die feierlichste. – **vis et religio**: Kraft und religiöses Gewicht. – **idem ego**: ich als derselbe, d. h. kein anderer als ich. – **me rogante**: unter meiner Leitung. (Der Konsul „fragt" das Volk in den Zenturiatskomitien, wen es zum neuen Konsul wählen will.) – **fauste, feliciter prospereque**: günstig, glücklich und nach Wunsch.

(2) idem ..., qui: Gemeint ist Cicero selbst. – **commendare**: anvertrauen – **fides**: hier: Macht (eines Überlegenen gegenüber einem Unterlegenen). – **beneficium**: Gemeint ist die Wahl zum Konsul; zur Sache vgl. P 68. – **salus**: s. § 1. – **tueri**: hier: behalten. – **in hoc officio**: bei dieser Aufgabe, in dieser Angelegenheit (der Verteidigung Murenas). –**studium meae defensionis** : der Eifer, mit dem ich die Verteidigung übernahm. – **susceptio causae**: die Übernahme des Falles. – **reprehendere**: tadeln. – **instituere**: hier: beginnen. – : nicht als ob. – **potior**: wichtiger. – **potior ... defensio**: s. F 20. – **officium**: hier: Aufgabe. – **meum**

factum: meine Handlungsweise. – **probare** (*alicui aliquid*): vor jemandem etwas rechtfertigen. – **propulsare**: zurückschlagen, abwenden.

(3) certa rationis norma: fester, auf die Vernunft gegründeter Maßstab. – **derigere ad**: ausrichten nach. – **perpendere**: abwägen. – **momentum**: Gewicht, Bedeutung. – **officium**: hier doppeldeutig: im Zusammenhang mit Cato *(officiorum omnium)* die Verpflichtung, die Pflicht, d. h. das, wozu man moralisch verpflichtet ist, im Zusammenhang mit Cicero *(de officio meo)* die Aufgabe als Anwalt. – **legis ambitus lator**: Einbringer eines Gesetzes zur Wählerbeeinflussung (s. Einleitung zum Textband, S. 16) – **consulatum gerere**: das Konsulat verwalten. – **severus**: ernsthaft, streng. – **causam attingere**: sich mit einer Sache befassen. – **reprehensio**, onis f: s. reprehendere § 2. – **rationem facti probare**: den Grund einer Handlungsweise rechtfertigen. – **a quo . . . est aequius consulem defendi**: von wem ist es gerechter, dass ein Konsul verteidigt wird, d. h. von wem wird ein Konsul gerechterer Weise verteidigt (Verschränkung von Frage und AcI). – **res publica . . . traditur sustinenda**: der Staat wird zur Erhaltung übergeben. – **sustentare**: aufrechterhalten, erhalten. – **in iis rebus repetendis, quae mancipi sunt**: bei der Rückforderung der Dinge, die dem Manzipationsrecht unterliegen. Für diese Dinge, insbesondere Sklaven und Grundstücke, galt eine besondere Verkaufsform. Der Verkäufer musste sich nämlich verpflichten, Ersatz zu leisten und das Risiko eines Prozesses auf sich zu nehmen, wenn ein Dritter Anspruch auf die verkaufte Sache erheben sollte. – **periculum iudicii praestare**: die Gefahr eines Prozesses auf sich nehmen. – **nexu se obligare**: sich durch einen förmlichen Kaufvertrag verpflichten. – **profecto**: meiner festen Überzeugung nach. – **etiam rectius**: mit noch mehr Recht. – **in iudicio consulis designati**: bei einem Prozess gegen einen gewählten Konsul. – **auctor beneficii**: Bürge für den Erhalt des *beneficium* (s. § 2). – **periculum**: hier: die Gefahr, in einem Prozess verurteilt zu werden.

(4) patronum publice constituere: von Staats wegen einen Anwalt bestellen. – **summo honore affectus**: jemand, der durch das höchste Amt (= das Konsulat) ausgezeichnet ist. – **auctoritas**: Ansehen bei den Mitbürgern (s. P 51). – **facultas** (erg. *dicendi*): Fähigkeit zu reden, rednerische Begabung. – **solvere** (erg. *navem*): absegeln. – **praecipere . . . et tempestatum rationem et praedonum et locorum**: erläutern, wie es sich mit den Windverhältnissen, den Seeräubern und der Fahrtroute verhält. – **ingrediantur**: Konjunktiv der inneren Abhängigkeit, im Deutschen nicht wiederzugeben. – **quo . . . me esse animo oportet . . . in hunc?**: wie muss ich demjenigen gegenüber gesinnt sein? – **iactatio**: Schwanken, Schlingern. – **cui video . . . tempestates esse subeundas**: von dem ich sehe, dass er sich mit Stürmen auseinander setzen muss, d. h. der, wie ich sehe, sich mit Stürmen auseinander setzen muss (Verschränkung von Relativsatz und AcI). – **duos consules . . . esse**: zur Sache s. Einleitung zum Textband, S. 18–19.

(5) officium: Pflicht. – **ad . . . fortunas** (erg. *defendendas*): zur Verteidigung des Lebens. – **ad communem salutem defendendam**: Auf die gleiche Weise zu übersetzen wie *ad fortunas defendendas*. – **legem ferre**: ein Gesetz einbringen. – **quod . . . tuli**: was das betrifft, dass ich . . . eingebracht habe. – *(lex)* **de civium periculis defendendis**: (Gesetz) über die Verteidigung von Bürgern, die durch einen Prozess bedroht sind. – *(legem)* **abrogare:** ein Gesetz abschaffen. – **largitio**: hier: Verteilung von Geldgeschenken zur Bestechung der Wähler. – **defendam**: *defendere*: hier: in der Verteidigung behaupten. – **quid est, quod**: weshalb – **latio legis**: Einbringung eines Gesetzes (vgl. *legem ferre*).

(6) **severitas**: s. o. § 3 *severus*. – **exitium rei publicae moliri**: den Sturz des Staates in Gang setzen. – **partes agere**: eine Rolle spielen. – **lenitas,** atis f: Milde f. – **persona**: Maske, Rolle. – **huius imperii dignitas**: die Würde dieses (= des konsularischen) Amtes. – **res publica**: hier: Lage des Staates. – **desiderare**: fordern. – **causae**: Gründe, Gesichtspunkte. – **tandem**: dient der Verstärkung, in der Übersetzung auszulassen. – **de officio defensionis**: s. § 2.

(7) **ornatus**: ausgezeichnet. – **conquestio**, onis f: Beschwerde. – **gravissime et acerbissime ferre**: Verstärkung von *aegre* bzw. *graviter ferre*. – **familiaritas necessitudoque**: überaus enge Freundschaft (s. F 10). – **causam alicuius defendere**: jemandes Sache vor Gericht vertreten. – **satisfacere alicui**: sich vor jemandem rechtfertigen. – **aliquem adhibere arbitrum**: jemanden als Schiedsrichter hinzuziehen. – **cum . . ., tum**: (wenn) schon . . ., (dann) besonders. – **petitio**, onis f: Amtsbewerbung. – **studium**: eifrige Bemühung. – **pro**: in Anbetracht (kausal). – **praestare**: leisten. – **a me**: von meiner Seite. – **quod esset**: konsekutiver Relativsatz. – **gratiosus**: hier: einflussreich. – **ratio**: Verhältnis. – **salus**: s. § 1.

(8) **studere alicui**: hier: jemanden bei der Bewerbung um ein Amt unterstützen. – **petere consulatum . . . petere Murenam**: sich um das Konsulat bewerben . . . Murena verfolgen s. F 5). – **eodem pacto**: unter gleichen Bedingungen, in gleicher Weise. – **concedere**: zugestehen, erlauben. – **etiam alienissimus**: ein noch so Fremder. – **in capitis dimicatione**: im Kampf um die Existenz. – **obruere**: hier: verdrängen. – **in honoris contentione**: im Wettstreit um ein Amt. – **superare**: überbieten. – **causa**: Grund zur Verteidigung Murenas (d. h. die Freundschaft). – **honoris . . . amplitudo**: die Bedeutung des Amtes (s. F 20). – **summam infamiam inurere alicui**: jemandem das schlimmste Schandmal einbrennen. – **ornamentum**:

Auszeichnung. – **causa tanti periculi**: Prozess, in dem so viel auf dem Spiel steht. – **repudiare**: zurückweisen. – **integrum est**: es steht frei. – **laborem impertire**: Mühe aufwenden. – **periculis sublevandis**: zur Verminderung von Gefahren. – **haec industria**: diese unermüdliche Tätigkeit. Gemeint ist Ciceros Tätigkeit als Anwalt. – **suscipere**: auf sich nehmen. – **astutus**: verschlagen, schlau.

(9) te auctore: auf deine Verantwortung. – **possum**: erg. *desinere.* – **culpam suscipere**: einen Vorwurf auf sich laden. – **desidia**, ae f: Faulheit, Trägheit. – **repudiatio**, onis f: s. *repudiare* § 8. – **supplex**, icis: Bittsteller. – **coarguere**: zeigen, beweisen. – **nimirum**: allerdings, ohne Zweifel. – **huius rei**: Gen. obi. zu *coniecturam.* – **coniecturam capere de**: einen Schluss ziehen aus. – **ceperis**: du dürftest ziehen (Potentialis, höfliche Ausdrucksweise). – **studium**: hier: Beruf, Betätigung. Gemeint ist die Tätigkeit des Sulpicius als Rechtsberater. – **de iure consulere**: einen Rechtsbescheid einholen. – *(de iure)* **respondere**: einen Rechtsbescheid erteilen. – **advocatus**: Rechtsberater. – **ille, quem contra veneris** (s. F 19) = *adversarius.* – **causa cadere**: den Prozess verlieren wegen eines Formfehlers. – **fontes**: (Rechts)-Quellen. – **vel**: sogar.

(10) tua familiaritas: die Freundschaft mit dir. – **gratia**: Gunst. – **a quibus intellego . . . aestimari**: zur Konstruktion (Verschränkung) s. § 4. – **nemini infimo**: nicht einmal dem Geringsten. – **patronus**: hier: Anwalt. – **in qua . . . maiores . . . patronum deesse voluerunt**: zur Konstruktion (Verschränkung) s. § 4. – **ut tecum agam . . . non secus ac si**: indem ich mit dir nicht anders verhandle, als ob. – **isto in loco**: an dieser Stelle, d. h. an der Stelle des Sulpicius, des Klägers in diesem Prozess. – **fides**: Treue dem Freund gegenüber. – **religio**: moralische Verpflichtung. – **ita moderari, ut**: in der Weise handhaben, dass. – **studium**: Bestrebung, Wunsch.

2. Gliederung der Rede

(11) reprehensio: s. *reprehendere* § 2. – **contentio dignitatis**: Vergleich der Würdigkeit, d. h. Streit darüber, wer des Konsulats würdiger ist. – **crimen**: Vorwurf.

3. Widerlegung der Anklage

a. Leben des Murena

infirmus: unbedeutend. – **levis**: geringfügig. – **illos**: Gemeint sind die Ankläger. – **lex quaedam accusatoria**: eine geradezu gesetzmäßige Anklagegewohnheit (nämlich das Vorleben des Angeklagten moralisch zu diskreditieren). – **male dicere** = *maledicere:* schmähen, Negatives sagen. – **facultas**: Möglichkeit. – **Asia**: Gemeint ist der Aufenthalt in Asien, wo sich die Möglichkeit zu einem ausschweifenden, luxuriösen Leben bot. – **expetere**: aufsuchen. – **peragrare**: durchziehen. – **patre suo imperatore**: zur Sache, s. Einleitung zum Textband, S. 17 – **merere** (erg. *stipendia*): Kriegsdienst leisten. – **parens** = *pater.* – **repudiare**: zurückweisen. – **videretur**: es hätte ausgesehen, als ob. – **praetextatus**: mit einer Toga mit Purpursaum *(toga praetexta)* bekleidet. Eine solche Toga trugen die römischen Söhne bis zum Anlegen der *toga virilis*, dem Zeichen der Volljährigkeit, mit etwa 17 Jahren. – **huic . . . fugiendum fuit**?: hätte er vermeiden sollen? – **dona militaria**: militärische Auszeichnungen. – **ut**: so dass. Der ut-Satz erläutert *decorare.* – **paene**: sozusagen.

(12) viro . . . adiumento . . ., solacio . . ., gratulationi . . . fuit: unterstützte, tröstete, beglückwünschte den Mann. – **suspicionem habere**: im Verdacht stehen. – **continenter**: maßvoll, enthaltsam. – **Asiae nomen**: das Wort „Asien“

(Gen. definitivus). – **obiciendum fuit**: man hätte vorwerfen dürfen. (Zum Irrealis im Indikativ beim Gerundivum s. P 50). – **memoria**: bleibende Erinnerung. – **nomini**: dem Namen „Murena“. – **constituere**: begründen. – **aliquod aut in Asia susceptum aut ex Asia deportatum flagitium ac dedecus**: eine konkrete Verfehlung oder Ehrlosigkeit, die er entweder in Asien begangen oder aus Asien mitgebracht hat. – **non modo maximum, sed etiam solum**: nicht nur als größten, sondern als einzigen (prädikativ). – **meruisse . . . fuit**: s. F 15. – **maledictum**: Schimpfwort, Vorwurf. – **omnia laus occupavit**: s. T 1.

(13) saltator: Tänzer; Schimpfwort für jemanden, der bei einem Gelage einen Einzeltanz vorführt. Nach römischen Begriffen ist ein solcher Verlust der Kontrolle über sich selbst etwas Unehrenhaftes. – **maledictum**: s. § 12. – **maledicus**: schmähsüchtig. – **conviciator**: Lästerer. – **arripere**: an sich reißen, sich aneignen. – **trivium**: Dreiweg, Kreuzung von drei Straßen. Dort ist viel Verkehr, und es treibt sich allerhand Gesindel herum; daher *ex trivio* „aus der Gosse“. – **scurra**: Spaßmacher, Tagedieb. – **convicium**: Streit, Geschrei. – **temere**: unüberlegt. – **vitiis affectum esse necesse** *(est)* **eum**: er muss Fehler haben. – **sobrius**: nüchtern. – **insanire**: wahnsinnig sein. – **tempestivum convivium**: ein zu einem frühen Zeitpunkt beginnendes, d. h. besonders ausgedehntes, ausgelassenes Gastmahl. – **amoenus locus**: lauschiges Plätzchen. – **deliciae**: sinnliche Vergnügungen. – **mihi**: Dat. ethicus. – **relinquere**: hier: übergehen, außer Acht lassen. – **quibus remotis**: ohne die. – **amor**: hier: Liebesaffäre. – **comissatio**: Umzug und ein damit verbundenes Gelage. – **ostenditur**: lässt sich beweisen. – **reperire**: finden. – **umbra luxuriae**: s. T 1.

(14) sic a me consul . . . defenditur: ich kann meine Verteidigung des Konsuls darauf aufbauen. – **petulans**: frech. – **ut . . . proferatur**: dass . . . vorgebracht werden kann. – **bene habet**: gut so (umgangssprachlich). – **fundamenta iacere**: den Grundstein legen. – **confessio**, onis f: Eingeständnis. – **defendere**: s. § 5. – **quo constituto**: nachdem das festgestellt ist, feststeht. – **contentio dignitatis**: s. § 11.

b. Vergleich zwischen Murena und Sulpicius

(15) cetera ornamenta omnia: alle übrigen Vorzüge. – **fretus** + Abl.: vertrauend auf. – **par**: hier: angemessen. – **quibus fretum ad consulatus petitionem aggredi par est**: die man besitzen muss, um sich um das Konsulat bewerben zu können (Verschränkung von Relativsatz und AcI). – **paria**: *par* : hier: in gleichem Maße vorhanden. – **contemnere**: verächtlich machen, sich geringschätzig äußern über. – **efferre**: preisen, loben. – **quo loco**: an dieser Stelle, bei dieser Gelegenheit. – **sibi sumere**: für sich (den Grundsatz) in Anspruch nehmen. – **patricius**: Patrizier. Man unterschied in Rom zwischen patrizischen Familien, dem Adel aus der Gründungszeit Roms, und plebejischen Familien, von denen später eine Reihe in den Adel aufrückte. Sulpicius war Patrizier (s. Einleitung zum Textband, S. 15), Murena Plebejer. – **facere, ut**: bewirken, dass. – **plebes** = *plebs*. – **sevocare**: zum Auszug aufrufen. – **ut . . . sevocanda esse videatur**: s. *ut tribuenda esse videatur* P 10. – **et proavus . . .**: Im Deutschen ist davor zu ergänzen: so ist dazu zu sagen, dass. – **ex praetura**: von der Prätur aus, d. h. nach seiner Prätur. – **hoc**: Abl. instrumentalis o. mensurae: Gemeint ist der Triumph von L. Murenas Vater. – **huic**: Gemeint ist L. Murena. – **gradus**: hier: Aufstieg, Zugang. – **is**: Gemeint ist das Konsulat.

(16) nobilitas: Adel, d. h. Zugehörigkeit zur führenden Schicht in Rom, den *nobiles*, deren Vorfahren Konsuln gewesen waren. – **homines litterati et historici**: Gebildete und Geschichtsforscher. – **suffragator**: Wähler. – **equester locus**: Ritterstand: zu den *equites* s. P 4. Hier werden zum Ritterstand solche gerechnet, die auf Grund ihres Vermögens die politische Laufbahn einschlagen, d. h. Senatoren werden konnten, dies aber nicht taten. – **celebratus**: bekannt, berühmt. – **recens**: unmittelbar. – **annales**: Annalen, Geschichts-Chroniken. – **vetustas**: Alter, Altertümlichkeit. – **ex annalium vetustate** = *ex annalibus vetustis.* – **eruere**: aufstöbern. – **in nostrum numerum aggregare**: zu uns zählen. Gemeint sind die sogenannten *homines novi*, die aus dem Ritterstand zur Senatorenaristokratie aufgestiegen waren. – **amplitudo**, inis f: Ansehen. – **putarere** = *putareris.* – **animus**: hier: Tatkraft. – **posteri**, Pl.: Nachkommen. – **intermori**: absterben.

(**17**) **quamquam . . . perfectum**: Ordnung: *quamquam . . . putabam meo labore esse perfectum, ne . . . obiceretur.* – **qui**: bezogen auf *meo*, d. h. auf Cicero. – **Curii** . . .: Männer wie Curius, . . . – **Curiis . . . commemorandis**: durch die Erinnerung an Männer wie . . . – **agere**: hier: fertig bringen. – **tanto intervallo**: nach so langer Zeit; zur Sache: Von 94 v. Chr., dem Konsulatsjahr des Caelius, bis zu Ciceros Konsulat im Jahr 63 v. Chr. hatte kein *homo novus* das Konsulat erreicht. – **claustra**, orum n: Schranke, die die Nicht-Adligen vom Konsulat fernhielt. – **refringere**: durchbrechen. – **ex familia vetere et illustri**: Attribut zu *consul.* – **generis novitas**: Neuheit des Geschlechts (das noch keinen Konsul gestellt hatte, s. *homo novus*). – Satzaufbau:

cum ego . . . refregissem,
ut pateret,
non arbitrabar,
cum. . .defenderetur,
de generis novitate accusatores esse dicturos.

peterem: erg. *consulatum*. – **gratia**: s. § 10. – **id**: Gemeint ist der Sieg eines *homo novus* über einen Patrizier. – **profecto**: s. § 3.

(18) omittamus . . ., videamus cetera: s. F 1. – **sum ego factus prior**: ich wurde früher (zum Quästor) gewählt; zur Sache: Die Namen der Gewählten wurden in der Reihenfolge, wie sie bei der Auszählung die erforderliche Stimmenzahl erreicht hatten, bekannt gegeben. – **ordo**: Rangfolge. – **renuntiatio**: öffentliche Bekanntgabe (eines Gewählten). – **gradus**: hier: Abstufungen. – **habeat, . . . sit**: Konjunktive der inneren Abhängigkeit. – **persaepe**: Verstärkung von *saepe*. – **prope modum**: beinahe. – **momentum**: Gewicht, Bedeutung. – **pari momento sortis esse**: von gleicher Bedeutung des Loses sein, d. h. durch das Los die gleiche Bedeutung haben; zur Sache: Die Amtsbereiche der Quästoren wurden verlost. – **provincia**: hier: Amtsbereich. – **illam . . . Ostiensem**: s. F 20. – **acclamare**: hier: spöttisch zurufen (wegen der erwartungsgemäß mühseligen Verwaltung). – **gratiosus**: angenehm, beliebt. – **illustris**: bedeutend. – **considere**: sich setzen, d. h. in den Hintergrund treten. – **campus**: hier: Betätigungsfeld. – **excurrere**: hervortreten.

(19) reliqui temporis spatium: Gemeint ist die Zeit zwischen der Quästur und der Prätur. – **in contentionem vocare**: zum Vergleich heranziehen. – **ratio**: hier: Art, Weise. – **tractare**: hier: gestalten, verbringen. – **hic**: hier (in Rom). – **urbana militia**: Dienst in der Stadt, s. T 1. – **respondere, scribere, cavere**: das Erteilen von Rechtsauskünften, das Abfassen (von Klageformeln, Verträgen, Testamenten usw.), die Bewahrung (der Rechtsuchenden vor Schaden durch Nichtbeachtung der Rechtsvorschriften). Cicero nennt hier die Hauptaufgaben der römischen Juristen. – **sollicitudo**, inis f: Kummer, Sorge. – **stomachus**: Ärger. – **sequi**: hier: nachgehen. – **praesto esse**: zu

Diensten sein. – **difficultas**: hier: Unleidlichkeit, Eigenwilligkeit. – **exsorbere**: herunterschlucken. – **ad arbitrium**: nach Gutdünken. – **laus**: hier: Verdienst. – **quae sit . . . profutura**: die nützen kann (konsekutiv).

(20) quid Murena interea: erg. *fecit* o. ä. – **summus**: hervorragend. – **signa conferre**: angreifen. – **manum conserere**: kämpfen. – **fundere**: in die Flucht schlagen. – **referta**: erg. *divitiarum*, d. h. reich. – **eandemque delicatam**: und ebenso luxuriös, üppig. – **obire** + Akk.: bereisen, durchziehen. – **maximo in bello**: Gemeint ist der Krieg gegen Mithridates unter der Führung des Lucullus (s. Einleitung zum Textband, S. 13). – **ab ipso**: Gemeint ist Lucullus. – **periculum nostrum**: die Gefahr des Murena und des Cicero. Hier identifiziert der Anwalt sein Schicksal mit dem seines Klienten. – **ne . . . videamur**: damit es nicht aussieht, als ob wir. – **licentiam concessam habere**: die Erlaubnis erhalten haben. – **publicae litterae**: öffentliche Berichte, die Lucullus wie alle Statthalter und Feldherrn während seines Feldzugs in Asien an den Senat geschickt hatte. – **impertire**: zumessen. – **communicare**: teilen. – **in communicanda gloria**: zur Konstruktion s. § 3.

(21) mihi per aliquem licet: jemand gestattet mir. – **in pari atque eadem laude ponere**: als gleich und ebenso ruhmvoll bezeichnen. – **agitare**: hier: kritisieren. – **insectari**: angreifen, verunglimpfen. – **legatio**: die Tätigkeit (des Murena) als Legat. – **assiduitas**, atis f: ständige Anwesenheit (in Rom, auf dem Forum). – **operae hae cotidianae**: Gemeint sind die in § 19 beschriebenen Juristenaufgaben des Sulpicius. – **mihi**: Dat. ethicus. – **attingere**: betreten. – **fueris, attigeris, contendas**: Die Konjunktive dienen dem Ausdruck der Missbilligung und der Gereiztheit, im Deutschen können sie nicht wiedergegeben werden. – **longo intervallo**: s. *tanto intervallo* § 17. – **in foro habitare**: auf dem Forum zu Hause sein, sich ständig auf dem Forum aufhalten (s. T 1). – **ista nostra assiduitas**: Subjekt des indirekten Fragesatzes *quantum . . . affert*, zur stärkeren Betonung aus dem Fragesatz herausgezogen und vorangestellt. – **fastidium**: Ekel, Überdruss. – **gratia posita (*est*) in oculis**: Popularität beruht auf den Augen, d. h. man muss gesehen werden, wenn man populär sein will. – **satietas mei**: Überdruss an mir. – **desiderium**: die Sehnsucht (nach Cicero und Sulpicius), d. h. der Fall, dass man sie vermisst hätte.

(22) contentio: s. § 11. – **quis potest dubitare, quin**: wer kann bezweifeln, dass. – **ad consulatum adipiscendum**: zur Konstruktion s. § 5. – **de nocte**: noch in der Nacht, d. h. vor Sonnenaufgang. – **consultor**: Ratsuchender. – **ille**: erg. *vigilat.* – **eo**: dorthin. – **intendere**: streben, beabsichtigen. – **bucina**, ae f: Trompete. – **exsuscitare**: wecken. – **actionem instituere**: ein Rechtsverfahren einleiten. – **ille**: erg. *cavet.* – **capere**: hier mit Doppelsinn: (juristisch) hintergehen bzw. erobern (s. F 5). – **tenere**: hier gleichbedeutend mit *scire* (s. F 10). – **aquae pluviae**: Regenwasser; zur Sache: Sulpicius weiß, welche Klage jemand anstrengen kann, auf dessen Grundstück ein Nachbar Regenwasser ableitet. – **propagare fines** *(imperii):* Grenzen (des Reiches) ausdehnen (durch militärische Eroberungen). – **regere fines** *(agrorum):* Grenzen (zwischen verschiedenen Äckern im Falle eines Rechtsstreits) richtig festlegen. – **in propagandis finibus, . . . in regendis**: zur Konstruktion s. § 3. – **haec . . ., haec . . ., haec**: s. F 12. – **latere**: geborgen, gesichert sein. – **increpare**: ertönen, erschallen. – **tumultus**: Krieg innerhalb Italiens. In diesem Fall trat ein Gerichtsstillstand ein. – **ilico**: sogleich. – **conticescere**: verstummen.

(23) filiola: Verkleinerungform von *filia.* – **istud nescio quid**: dieses Ich-weiß-nicht-was, d. h. dieses Etwas. – **arbitrere** = *arbitreris.* – **aliis virtutibus . . . ceteris omnibus**:

Abl. causae. – **continentiae, . . . fidei**: Gen. explicativus zu *virtutibus:* die Tugenden Selbstbeherrschung usw. – **quod . . . didicisti**: was das betrifft, dass du . . . gelernt hast. – **operam perdere**: Zeit verschwenden. – **via munita**: ein befestigter Weg, eine gut ausgebaute, d. h. gut begehbare Straße. – **studia conciliare**: die eifrige Unterstützung, Sympathie gewinnen. – **quae . . . concilient**: final – **pergratus**: Verstärkung von *gratus.*

(24) omnia . . . defendi et firmari putantur: man glaubt, dass alles verteidigt und gesichert wird (NcI). – **summa etiam utilitas**: erg. *est in iis, qui militari laude antecellunt.* – **si quidem**: wenn nämlich, da ja. – **consilium**: hier: Umsicht. – **cum . . . tum**: einerseits . . ., besonders aber. – **nostrae res**: unsere Privatangelegenheiten. – **perfrui** + Abl.: handhaben, sich kümmern um. – **valere**: hier: den Ausschlag geben. – **in consule deligendo**: zur Konstruktion s. § 3. – **dicendi facultas . . . posse . . . mentes permovere**: die Redebegabung, auf die Ansichten einwirken zu können. – **comprimere**: bändigen. – **tribunicios furores**: die Raserei der Volkstribunen. Mit diesem Schlagwort bezeichnete die Senatspartei das Wirken der Volkstribunen, die einerseits als ausgezeichnete Redner, andererseits durch populäre Gesetzesanträge wie z. B. den Antrag auf Landverteilung an mittellose Bürger das Volk in der Volksversammlung mitzureißen verstanden. – **flectere**: umstimmen. – **largitio**: Schenkung; zur Sache s. *tribunicius furor.* – **non nobiles**: s. *nobilitas* § 16. – **consequi**: erreichen, erlangen. – **haec eadem res** = *facultas dicendi.* – **plurimae gratiae**: sehr viele gute Beziehungen. – **studia parere** = *studia conciliare* (s. § 23). – **istum vestrum arteficium**: dieses euer Handwerk (abwertend). Gemeint ist die Jurisprudenz.

(25) tenuis, e: eng, begrenzt. – **res**: die Gegenstände (der Rechtswissenschaft). – **interpunctiones verborum**: Wortabtrennungen; zur Sache: Ursprünglich schrieben die Römer in Großbuchstaben ohne Worttrennungen. Zur leichteren Lesbarkeit und zum besseren Verständnis wurden später Punkte zwischen die einzelnen Wörter gesetzt *(interpunctio).* Dabei war es an mancher Stelle nicht klar, wo ein Punkt zu setzen war, z. B. INCULTOLOCO = *in culto loco* oder *inculto loco.* – **occupatum esse in** + Abl.: beschränkt sein auf. – **enuntiare**: enthüllen. – **mysterium**: Geheimnis. – **lege agere**: prozessieren. – **fasti** = *dies fasti*: Tage, an denen es vor den Göttern recht *(fas)* war, zu prozessieren. Das Wissen über diese Tage besaßen ursprünglich nur die priesterlichen Rechtsgelehrten. – **petere** *aliquid ab aliquo*: von jemandem etwas erfragen bzw. erbitten. – **cornicum oculos configere**: den Krähen die Augen aushacken, d. h. selbst die Vorsichtigsten und Schlauesten überlisten (Sprichwort). – **ediscere**: auswendig lernen. – **singulis diebus ediscendis**: zur Konstruktion s. § 17. – **cautus**: vorsichtig. – **compilare**: zusammenstehlen. – **vereri**: fürchten. – **ratio dierum**: Verzeichnis der *dies fasti.* – **pervulgare**: bekannt machen. – **verba quaedam componere**: Formeln verfassen; zur Sache: Cicero interpretiert hier die Erfindung der Prozessformeln, die in Wirklichkeit schon längst existierten, als Gegenmaßnahme der Juristen gegen den Verlust ihres Wissensmonopols über die erlaubten Prozesstage.

(26) Cicero stellt im Folgenden dar, wie einfach ein Prozess ohne die vorgeschriebenen Formeln ablaufen könnte, danach zeigt er den komplizierten Verlauf mit diesen Formeln. – **cum**: konzessiv. – **bellissime**: recht hübsch (umgangssprachlich). – **fundus**. Grundstück. – **noluerunt**: erg. *id ita fieri* o. ä. – **cedo**: bitte schön. – **ex iure Quiritium**: nach dem Recht der Quiriten; s. Eigennamen. – **inde**: daher. – **ex iure**: weg vom Gericht (zu dem umstritten Grundstück). – **manum consertum**: zum *manum conserere,* d. h. zum Streit, indem beide Kontrahenten die

Hand auf das Grundstück legen, um ihren Besitzanspruch geltend zu machen. Zu diesem Zweck begaben sich die Kontrahenten ursprünglich in Gegenwart von Zeugen zu dem Grundstück und kehrten dann sofort wieder zum Gericht zurück. Später fanden sie sich mit einem Stück Erde, das dieses Grundstück symbolisierte, vor Gericht ein, und alle Formeln und Handlungen wurden dort vollzogen. – **litigiosus**: streitsüchtig. – **ille unde petebatur**: derjenige, gegen den man einen Anspruch erhob, d. h. der Beklagte. – **habere**: hier: wissen. – **Latinus tibicen**: s. Eigennamen; zur Sache: Wie die latinischen Flötenspieler trat der Rechtsberater zu der Partei, die gerade an der Reihe war, und sagte ihr die Formeln vor. – **unde . . ., inde**: aus welchem Grund . . ., aus diesem Grund. – **revoco**: ich rufe meinerseits. – **ne pulchrum se ac beatum putaret**: damit er sich nicht allzu wohl fühle (umgangssprachlich). – **cum . . . tum**: schon . . ., besonders aber. – **ceteris rebus**: Abl. limitationis. – **in illo**: was folgende Worte betrifft (Abl. limitationis). – **suis . . . superstitibus praesentibus**: in Gegenwart ihrer Zeugen. – **utrisque . . . istam viam dico**: ich bestimme beiden Parteien diesen Weg, ich weise beide Parteien an, dorthin (zu diesem Grundstück) zu gehen; zur Sache s. o. *manum consertum*. – **praesto**: zur Stelle. – **iam tum apud illos barbatos . . . homines**: schon bei unseren Urahnen, die noch einen Bart trugen. – **ineptiae**, arum: Albernheiten. – **fucare**: hier: aufputzen. – **quando te in iure conspicio**: da ich dich vor Gericht erblicke; Beginn einer Formel aus demselben Prozess, die fortgeführt wurde: frage ich dich, ob du mir als Gewährsmann dienst (vom Beklagten zu demjenigen gesagt, der ihm das umstrittene Grundstück verkauft hatte). – **anne tu dicas, qua ex causa vindicaveris**: willst du nicht sagen, weshalb du Anspruch (auf dieses Grundstück) erhoben hast (weitere Formel aus dem gleichen Verfahren). – **tenere** = *scire* (s.

§ 22). – **petere**: s. § 25. – **pervulgare**: s. § 25. – **in manibus iactata et excussa**: in Händen hin- und hergewendet und geschüttelt, d. h. genau untersucht. – **inanis prudentiae**: ohne Klugheit. – **fraudis . . . plenissima**: zur Sache: Die Nicht-Beachtung der Formeln führte zum Prozessverlust.

(27) permulti: Verstärkung von *multi*. – **iure consultus** = *iuris consultus*: Rechtsgelehrter. – **ingenia**: hier: Einfälle, Findigkeiten (negativ). – **depravare**: verschlechtern. – **mulieres**: Subjektsakkusativ des AcI. – **consilium**: hier: Urteilskraft. – **tutor:** Vormund; zur Sache: Jede Frau, die nicht der Gewalt ihres Vaters oder ihres Ehemanns unterstand, hatte einen Vormund. – **hi**: die Juristen. – **quae potestate mulierum continerentur**: die von den Frauen abhängig waren; zur Sache: Wenn eine Frau ihren Vormund wechseln wollte, begab sie sich zum Schein in die eheähnliche Gewalt eines anderen Mannes. Dieser Mann übergab sie, ebenfalls zum Schein, in die Gewalt desjenigen, der die Vormundschaft übernehmen sollte. Der ließ sie dann frei und wurde so gesetzmäßig ihr neuer Vormund. – **illi**: die Vorfahren. – **sacra**, orum: Ahnenkult: zur Sache: Die kostspielige Sorge für den Ahnenkult war nach dem Tod des Mannes Aufgabe der Erben, zunächst aber der Witwe. Wenn sie sich dieser Aufgabe entziehen wollte, ging sie mit einem kinder- und vermögenslosen Greis eine Scheinehe ein. Mit der Ehe übernahm der Greis die Ahnenopfer, die er auch nach ihrer Auflösung fortführte. Dafür erhielt er von der Frau eine Vergütung. Nach dem Tod des Greises erlosch dann die Kultverpflichtung. – **coëmptio**, onis f: Kaufehe; alte Form der Ehe, bei der sich die Frau dem Mann sozusagen verkaufte. – **ad coëmptiones faciendas**: zur Konstruktion s. § 5. – **interimere**: aufheben. – **interimendorum sacrorum causa**: um den Ahnenkult abzuschaffen. – **aequitatem relinquere**: die Gerechtigkeit außer Acht lassen. – **ut**: so zum Beispiel. – **Gaia**: s. Eigennamen. – **iam**: außerdem. – **dies perendinus**: übermorgen. – **lis**, litis f: Streitgegenstand. – **utrum . . . oporteret**: zur Sache: Um jeden Zweifel auszuschließen, benutzten die Juristen häufig mehrere Ausdrücke (ungefähr) derselben Bedeutung für ein und dieselbe Sache.

(28) dignitas . . . consularis: Würde, die ein angehender Konsul haben sollte. – **commenticius**: erfunden, gefälscht. – **aeque promptum**: in gleicher Weise zugänglich. – **gratus**: hier: attraktiv. – **nullo pacto**: auf keine Weise. – **beneficium collocare**: eine Verpflichtung begründen. – **rebus prolatis**: nachdem die Dinge allgemein bekannt gemacht worden sind, d. h. nach der Veröffentlichung der Prozesstage und Formeln durch Flavius. – **inter se discrepare**: sich voneinander unterscheiden. – **perpauci**: Verstärkung von *pauci*. – **litterae**: Schriften. – **contineri** + Abl.: bestehen aus. – **occupatus**: beschäftigt. – **stomachum movere alicui**: jemanden ärgern. – **moveritis**: Potentialis. – **triduo**: innerhalb von drei Tagen. – **profitebor**: ich garantiere (s. T 9). – **quae de scripto aguntur**: was auf Grundlage einer schriftlichen Formel verhandelt wird. – **qua de re agitur**: worum es sich handelt, darum handelt es sich in diesem Fall; von Juristen häufig verwendete Formel; Bedeutung: Jeder kann aus den vorhandenen Rechtsbüchern ablesen und an einigen Stellen die Formel *qua de re agitur* einfügen. – **quae consuluntur**: worüber man um einen juristischen Rat gefragt wird. – **videare** = *videaris*. – **si . . . responderis, . . . videare . . . videare**: Potentialis.

(29) actio: Klagegerichtsordnung. – **formulae**: Formeln, feststehende Wendungen. – **dicendi consuetudo**: Übung, Gewandtheit im Reden. – **ad honorem**: in Hinblick auf das Ansehen bzw. den Erwerb eines Ehrenamtes. – **multo malle**: viel lieber wollen. – **hoc**: Gemeint ist: ein Redner werden. – **istuc**: dorthin, d. h. zum Juristenberuf. – **auloedus**: Flötenspieler. – **citharoedus**: Kitharaspieler.

– **oratores evadere**: Redner werden. – **ut aiunt . . . sic nos videmus**: s. F 25. – **salubritas**: Heilsamkeit. – **evertere**: umstürzen. – **in qua**: grammatisch bezogen auf die *defensio oratoris*, sinngemäß aber auf die darin liegende Redekunst. – **proficere**: Fortschritte machen; zur Sache: Indem Cicero die eigene Redefähigkeit bescheiden in den Hintergrund rückt, wehrt er den möglichen Verdacht ab, das eigene Metier zum persönlichen Lob zu preisen, und eröffnet sich die Möglichkeit, ihre Bedeutung der Jurisprudenz gegenüber noch mehr zu betonen. – **parcus**: zurückhaltend. – **nunc**: so aber.

(30) quae possint: konsekutiver Relativsatz. – **amplissimus gradus dignitatis**: gemeint ist das Konsulat. – **ab hoc** = *ab oratore bono.* – **ab illo** = *ab imperatore.* – **ornamenta pacis**: die Mittel, die in Friedenszeiten benötigt werden; s. P 6. – **ipsae per se**: um ihrer selbst willen, d. h. ohne dass ein unmittelbarer Nutzen sichtbar wird. – **studia ad honorem apposita**: Disziplinen, die zu einem Ehrenamt (hier zum Konsulat) befähigen, d. h. solche, deren Nutzen unmittelbar einsehbar ist. – **de manibus excutiuntur**: werden aus den Händen geschlagen, d. h. sind wertlos (s. T 1). – **bellicum canere**: das Signal zum Krieg blasen. Subjekt ist *motus* (s. T 2), so dass dieser Abschnitt durch die weitgehend bildliche Sprache eine dichterische Färbung erhält. – **ingeniosus poëta et auctor valde bonus**: Gemeint ist der Dichter Ennius (s. P 25). Cicero zitiert im Folgenden einige seiner Verse, erweitert und kommentiert sie. – **proeliis promulgatis**: wenn Kämpfe angekündigt sind (*proelia promulgare* ist eine dichterische Neubildung entsprechend zu *legem promulgare*: ein Gesetz öffentlich bekannt machen). – **simulatio prudentiae**: Scheinklugheit (gemeint ist die Jurisprudenz). – **sapientia**: Weisheit, Vernunft (mit deren Hilfe der *orator bonus* die Angelegenheiten des Staates zu regeln versucht). – **odiosus**: hier: langweilig. – **manum consertum**: erg. *vocant* (s. § 26). – **res**: hier: Besitz. – **prima**: prädikativ.

(31) verum: aber; Übergang zu einem neuen Gesichtspunkt. – **haec**: die gerade ausgeführten Argumente. – **muliercula**: kleine, schwache Frau. – **longe secus existimare aliquid**: über etwas ganz anderer Meinung sein. – **disserere**: erörtern, ausführen. – **causa in hoc continetur**: die eigentliche Frage des Prozesses besteht darin. – **contemnere**: für unbedeutend halten oder erklären. – **gratissimus**: höchst willkommen. – **ille hostis**: Mithridates. – **contemnitur**: durch den Singular auf *ille hostis* bezogen, sinngemäß aber auch auf *nationes* zu beziehen. – **veterum rerum monumenta**: alte historische Quellen. – **vel maximus**: wohl der größte. – **aequam gloriam parere cum alio**: den gleichen Ruhm gewinnen wie ein anderer. – **quam laudem ille . . . ferebat, eandem hic. . . assumpsit**: Ordnung: *eandem laudem, quam ille (P. Scipio) . . . ferebat, hic (L. Scipio) . . . assumpsit.* – **cognomine ipso**: allein schon durch seinen Beinamen (P. Scipio trug den Beinamen *Africanus*). – **ex Asiae nomine**: L. Scipio nannte sich nach dem Krieg mit Antiochus *Asiaticus.*

(32) enitere: hervorleuchten. – **quo**: dorthin, d. h. in diesen Krieg. – **ut ego mihi statuo**: wie ich (ihn) mir vorstelle. – **qualem te esse video**: wie du – meiner Ansicht nach (wie ich sehe) – bist (Verschränkung von Relativsatz und AcI, s. § 4). – **bellandum**: erg. *esse.* – **arbitraretur**: hier = *arbitratus esset.* – **agere**: hier: verhandeln. – **ipse**: P. Scipio. – **putaretur** = *putavisset* (s. *arbitraretur*). – **consideraris** = *consideraveris.* – **non rudis**: nicht unerfahren. – **ut aliud nihil dicam**: um sonst gar nichts zu sagen. – **cum bello invectum totam in Asiam**: obwohl er (Mithridates) mit Krieg in ganz Asien eingefallen war. – **pater huiusce**: der Vater unseres Angeklagten hier. – **repressum . . ., non oppressum**: zurückgedrängt . . ., aber nicht völlig niedergerungen (zur Sache s. Einleitung zum Textband, S. 10). – **qui rex** = *ille rex, qui.* – **confirmare rationes et copias belli**: die Strategie und Kriegsausrüstung verbessern und verstärken. – **ad confirmandas . . . rationes**: zur Konstruktion s. § 5. – **tantum spe conatuque valere**: in seinem Hoffen und Planen so stark sein. – **ut se . . . coniuncturum putaret**: Anspielung auf das von Mithridates angestrebte Bündnis mit Sertorius in Spanien (s. Einleitung zum Textband, S. 13).

(33) duo consules: L. Lucullus und M. Aurelius Cotta. Der Name Cottas, der eine schwere Niederlage erlitt, wird im Folgenden taktvoll verschwiegen. – **res . . . calamitosae**: Verluste. – **L. Luculli res tantae exstiterunt**: L. Lucullus hatte solche Erfolge. – **impetus belli constitit**: der Angriff kam zum Stehen. – **ianua**, ae f: Tür, Zugang. – **qua effracta et revulsa**: nach deren Durchbrechung und gewaltsamer Öffnung. – **copiae**: hier: Truppen. – Satzaufbau:

nam cum . . . impetus . . . constitisset,
eamque urbem Mithridates . . . ianuam fore putasset,
qua effracta . . . pateret provincia,
perfecta a Lucullo haec sunt omnia,
ut et urbs . . . defenderetur
et omnes copiae . . . consumerentur.

quid?: wie nun? s. P 12. – **contento cursu**: in eiliger Fahrt. – **classis . . . spe atque animis inflata**: die Flotte, die von Hoffnung und Mut erfüllt war. – **Italiam petere**: Italien angreifen. – **mittere**: hier: übergehen (s. F 26). – **expulsus**: Gemeint ist Mithridates. – **tandem . . . tantum tamen**: s. F 21. – **consilium**: Umsicht. – **rex Armeniorum**: Tigranes, der Schwiegersohn des Mithridates (s. Einleitung zum Textband, S. 13). – **opes copiaeque**: Unterstützung in Form von Geld und Truppen. – renovarit = *renovaverit.* – **aliquid agere**: etwas verhandeln, über etwas sprechen.

(34) suscipiendum: erg. *bellum esse.* – **neque tot . . . Lucullus**: Ordnung: *neque tot annos neque tanta gloria L. Lucullus (bellum) gessisset.* – **belli conficiendum exitum**: die Vollbringung des Kriegsendes, d. h. die endgültige Beendigung des Krieges. – **deferre ad aliquem**: jemandem übertragen. – **cuius ex omnibus pugnis** = *ex omnibus pugnis eius.* – **vel acerrimus**: s. § 31 *vel maximus.* – **contentio**: hier: Anstrengung, Leidenschaft. – **in extrema fortuna**: in äußerster Bedrängnis. – **ora**: hier: Gegend. – **tantum ponere in**: soviel Wert legen auf. – **anima**: Leben. – **quae ille tenuerat, adierat, spera***(ve)***rat**: was jener (Mithridates) ursprünglich (als Erbe) besessen hatte, was er erobert hatte, was er zu erobern gehofft hatte. – **vita expellere**: töten. – **cuius expulsi et eiecti vita**: dessen Leben nach seiner völligen Vertreibung (s. F 10). – **defendere**: s. § 5. – **ad consulatum adipiscendum**: zur Konstruktion s. § 5. – **nostra forensis industria**: unsere fleißige Betätigung auf dem Forum (s. *forensis usus* P 2).

(35) petitio: s. § 7. – **prior renuntiatus est**: zur Sache s. § 18. – **tamquam ex syngrapha**: als ob es eine schriftliche Vereinbarung gäbe. – **locus honoris**: der Platz bei (der Vergabe) einer Ehrenstelle (wie er bei der Reihenfolge der *renuntiatio* sichtbar wird). – **ut . . . debeat**: Ordnung: *ut eundem honoris locum, quem . . . dederit, . . . debeat.* – **quod fretum . . . habere putatis?**: von welchem Meer glaubt ihr, dass es hat . . ., d. h. welches Meer hat eurer Meinung nach . . .? (Verschränkung von Frage und AcI). – **agitatio**, onis f: Bewegung. – **aestus**, us m: Brandung, Wogen, Ungestüm. – **ratio comitiorum**: der Ablauf der Komitien. – **parva . . . aura rumoris**: der leise Hauch eines Gerüchts (s. T 1). – **fit aliud atque**: es geschieht etwas anderes (anders) als. – **existimaris** = *existimaveris.*

(36) opera: hier: Tätigkeit als Anwalt, d. h. Redekunst. – **non modo . . . potuit**: Ordung: *non modo nihil horum ita fore* *putatum est, sed ne intellegi quidem potuit, cum esset factum, quare ita factum esset.* – **caeli signum**: atmosphärisches Zeichen am Himmel. / **ratio**: hier: Grund. – Satzaufbau:

ut tempestates saepe certo . . . signo commoventur,
saepe . . . nulla ex certa ratione,
obscura . . . ex causa concitantur,
sic in . . . tempestate populari saepe intellegas,
quo signo commota sit,
saepe ita obscura causa est,
. . . ut casu excitata esse videatur.

(37) rationem reddere: Rechenschaft ablegen, eine Erklärung geben (dafür, dass Murena einen relativ weit hinten liegenden Platz bei der Wahl zum Prätor einnahm). – **in praetura** (erg. *petenda*): bei der Bewerbung um die Prätur. – **duae res . . . desideratae sunt**: zwei Dinge wurden vermisst, d. h. das Fehlen von zwei Dingen wirkte sich schädlich aus. – **in consulatu**: s. *in praetura.* – **expectatio muneris**: zur Sache: Nachdem Murena 68 v. Chr. aus dem reichen Asien zurückgekehrt war, hatte man sich von ihm prächtig ausgestattete Spiele erhofft. Gelegenheit dazu hätte die Bekleidung des Ädilenamtes gegeben, da die Ädilen für ihre Veranstaltung verantwortlich waren. Auf dieses Amt, das nicht unbedingt Voraussetzung für die weitere Ämterlaufbahn war, aber Gelegenheit bot, durch die Veranstaltung von möglichst prächtigen Spielen die Sympathie des Volkes zu gewinnen, verzichteten manche, um die hohen Kosten für die Ausstattung der Spiele aus ihren Privatmitteln zu sparen. Auch Murena war – wahrscheinlich aus anderen Gründen – nicht Ädil gewesen. Als Privatmann aber durfte er zwei Jahre vor einer Amtsbewerbung keine Spiele veranstalten. Die durch die Propaganda der Konkurrenz noch gesteigerte Erwartung und die Behauptung, Murena sei geizig und wolle das Geld lieber für sich behalten, beeinträchtigten dann seine Wahlchancen bei der Prätur. – **ii, quos . . . liberalitatis testes habuerat, nondum decesserant**: zur Sache: Die Soldaten, die Murenas Freigebigkeit bezeugt hätten, waren noch nicht aus dem Mithridatischen Krieg zurückgekehrt. – **comitiis**: bei den Komitien, d. h. hier: bei der Konsulwahl. – **praesto**: s. § 26. – **munus amplissimum**: großartige Spiele. – **desiderarat** = *desideraverat*: hatte vermissen lassen. – **restituere**: hier: nachliefern; zur Sache: Als Prätor veranstaltete Murena überaus prächtige Spiele.

(38) quaeque = *et quae* (bezogen auf *suffragatio militaris* am Satzende). – **cum . . . cum . . . tum**: Erweiterung von *cum . . . tum* (s. § 26). Die ersten beiden Glieder sind im Deutschen mit „und" zu verbinden. – **in consule declarando**: zur Konstruktion s. § 3. – **suffragatio militaris**: die Werbung der Soldaten. – **verborum interpretes**: Gemeint sind die Juristen. – **saucius**: verwundet (hier prädikativ). – **signa conferre**: s. § 20. – **fortis . . . felix**: s. F 21. Nicht nur Tapferkeit, sondern auch eine glückliche Hand hatte Cicero schon an anderer Stelle (P 28.47–48) als wichtige Eigenschaft eines Feldherrn bezeichnet. – **hoc quanti putas esse?**: welche Bedeutung hat das deiner Meinung nach? Zur Konstruktion (Verschränkung) s. § 35. – **fama**: beurteilendes Gerede. – **voluntas**: der Wille, einem Kandidaten seine Stimme zu geben. – **religio**: Aberglaube. – **omen praerogativum**: Vor der Wahl wurde die so genannte *centuria praerogativa* ausgelost (Zu den Zenturiatskomitien s. P 2). Erst wenn diese Zenturie abgestimmt hatte und das Ergebnis bekannt gegeben worden war, wurde in den anderen Zenturien abgestimmt. Das Ergebnis der *centuria praerogativa* wurde als gottgesandter Hinweis *(omen praerogativum)* auf das Endergebnis betrachtet. – **in hoc**: bei Murena. – **urbana suffragatio**: Wahlentscheidung der

Stadtbürger Roms. – **militaris** (erg. *suffragatio*): Wahlentscheidung der Soldaten, die als römische Bürger natürlich das Wahlrecht hatten, aber nur abstimmen konnten, wenn sie in Rom waren. – **scaena**: hier: Schauspiel. – **admodum**: ungemein, sehr. – **vulgus imperitorum**: die Menge der Ungebildeten. Ihr werden in § 39 die Gebildeten gegenübergestellt, die ebenfalls Freude an den Spielen haben. – **minus** = *non*. – **quamquam**: jedoch. – **huic causae**: für diese Angelegenheit (die hier verhandelt wird). – **id**: die Tatsache, dass das Volk an Spielen seine Freude hat.

(39) nosmet = *nos*: Gemeint sind die Gebildeten wie Sulpicius, Cato, Cicero. – **occupatio**, onis f: Beschäftigung. – **oblectare**: erheitern, unterhalten. – **duci**: hier: sich fesseln lassen. – **admirere** = *admireris*.

(40) necessarius: politischer Freund. – **pertinere ad**: etwas betreffen. – **honestissimus ordo**: Gemeint ist der Ritterstand. – **fructus iucunditatis**: Vorteil einer Annehmlichkeit; zur Sache s. Eigennamen Otho. – **in mea petitione**: bei meiner (Ciceros) Bewerbung um das Konsulat. – **scaena**: hier: Bühne. – **competitrix**: Mitbewerberin (prädikativ zu übersetzen). – **trini ludi**: drei Spiele; zur Organisation und Finanzierung der Spiele durch die Ädile s. § 37. – **Antoni ludi**: zur Sache: Ciceros Mitbewerber Antonius hatte besonders prächtige Spiele veranstaltet. – **commoveri**: beunruhigt werden. – **casu**: zur Sache: Für Sulpicius hatte sich keine Gelegenheit ergeben, Spiele zu veranstalten, da er wie Murena nicht Ädil gewesen war und als Prätor einen Amtsbereich verwaltete, in dem er keine Spiele zu veranstalten hatte. Nur der *praetor urbanus* veranstaltete Spiele. – **argentea scaena**: zur Sache: Murena hatte offensichtlich die Bühne großzügig mit Silber schmücken lassen. – **nihil adversari**: nicht schaden.

(41) sint paria omnia, sit par . . ., sit idem: Wir nehmen einmal an, dass alles gleich ist . . . (potentiale Konjunktive).

– **forensis opera**: Betätigung auf dem Forum. – **quid?**: wie denn?: Überleitung zu einem neuen Gesichtspunkt. – **sors**: Los; zur Sache: Die Amtsbereiche *(provinciae)* der acht Prätoren wurden durch das Los verteilt. Murena erhielt die Stelle eines *praetor urbanus*, Sulpicius die *quaestio peculatus* (s. u. § 42). – **necessarius**: s. § 40. – **ius dicendum**: (zivile) Rechtsprechung; zur Sache: Von den 8 Prätoren verwalteten zwei, der *praetor urbanus* und der *praetor peregrinus*, die zivile Gerichtsbarkeit, die anderen leiteten die ständigen Kriminalgerichtshöfe *(quaestiones perpetuae)*. – **conciliare**: hier: verschaffen. – **aequitatis largitio**: das großzügige Gewähren von Gerechtigkeit. – **offensio**, onis f: Missstimmung. – **aequabilitas**, atis f: Unparteilichkeit. – **lenitas audiendi**: freundliche Bereitschaft anzuhören. – **provincia**: Amtsbereich, s. o. *sors*. – **facilitas**, atis f: Freundlichkeit. – **ad extremum**: schließlich, als Höhepunkt. – **concludi**: abgeschlossen werden, d. h. hier: gekrönt werden.

(42) quaestio peculatus: Kriminalgerichtshof für Unterschlagung. Der Vorsitz dieses Gerichtshofes war eine undankbare Aufgabe, da vor allem Fälle von Beamten verhandelt wurden, die öffentliche Gelder veruntreut hatten. So musste man oft gegen angesehene Bürger vorgehen und sehr harte Strafen verhängen. – **squalor**, oris m: Schmutz; zur Sache: Die Angeklagten trugen als Zeichen der Trauer ein ungepflegtes Äußeres zur Schau, um so Mitleid zu erregen. – **index**, icis m: Denunziant. – **cogendi . . . aestimatae**: Es ist jeweils ein *est* oder *sunt* einzufügen (s. F 6). – **scriba**: ein (mitangeklagter) Schreiber (eines hohen Beamten). – **ordo totus**: gemeint ist der Berufsstand der Schreiber. Dieser Berufsstand wurde wegen seiner Bedeutung in der Verwaltung – die Schreiber waren gut bezahlte Helfer der Quästoren und anderer hoher Beamter – auch sonst als *ordo*, d. h. als eigener Stand bezeichnet.

– **alienari**: zum Feind werden, sich abwenden. – **Sullana gratificatio**: die Sullanische Schenkung, d. h. die recht willkürliche Verteilung der Güter, die durch die Sullanischen Proskriptionen an den Staat gefallen waren, an die Günstlinge und Soldaten Sullas. Mitte der 60er Jahre des 1. vorchristlichen Jahrhunderts wurde verstärkt die Herausgabe dieser Schenkungen verlangt und entsprechende Prozesse vor der *quaestio peculatus* angestrengt. – **reprehendere**: hier: die Rechtsgültigkeit anfechten. – **offendere**: beleidigen, kränken. – **lites**: hier: Entschädigungssummen. – **aestimare**: hier: festsetzen, bestimmen. – *(is)* **cui placet, obliviscitur**: zur Sache: Derjenige, der die Einziehung der Schenkungen billigte, hatte selbst keinen Nutzen davon, da das Vermögen an den Staat fiel, vergaß die Sache also wieder und konnte nicht als Wähler für Sulpicius gewonnen werden, während derjenige, der sein Vermögen zurückgeben musste, sich bei der Wahl rächte, indem er einem anderen als Sulpicius seine Stimme gab. – **in provinciam ire**: in die Provinz gehen, d. h. die Verwaltung einer Provinz übernehmen, was Prätoren wie Konsuln nach Ablauf ihrer Amtszeit zu tun pflegten. Man konnte sich von dieser Aufgabe aber auch befreien lassen, wie es auch Cicero zunächst getan hatte. – **reprehendere**: s. § 2. – **in me ipso . . . praetore**: bei mir selbst als Prätor, d. h. als ich selbst Prätor war. – **provincia**: die Verwaltung der Provinz *Gallia Transalpina*. – **bonae gratiae**: gute Beziehungen (s. § 24). – **liberalitas**: Großzügigkeit: zur Sache: Da nicht viele Soldaten benötigt wurden, konnte Murena durch Freistellungen (etwa von Söhnen einflussreicher Männer) Wähler für sich gewinnen. – **qua usus**: durch die. – **tribus**, us f: Wohnbezirke = Wahlbezirke; zur Sache s. *comitia* P 2. – **quae municipiis Umbriae conficiuntur**: die durch die Städte Umbriens gebildet werden. – **sibi adiungere**: für sich gewinnen. – **nostri homines**: Steuerpächter und andere römische Bürger, die in *Gallia Transalpina* Geld angelegt hatten; zu den Steuerpächtern in den römischen Provinzen s. *equites* P 4. – **ut . . . desperatas iam pecunias exigerent**: dass sie schon verloren geglaubtes Geld eintreiben konnten. – **praesto**: s. § 26. – **amicorum studia minui solere**: zur Sache: Da ein Provinzstatthalter in der Lage war, seinen Freunden lukrative Posten und andere Vorteile zu verschaffen, suchte man natürlich eher die Freundschaft eines Mannes, der eine solche Statthalterschaft übernahm, als die eines Sulpicius, der sie ausschlug.

(43) provincialia negotia: Amtsbereiche. – **in quo . . . fuerit inferior Sulpicius**: worin Sulpicius unterlegen ist (indirekter Fragesatz). – **amisso iam tempore**: jetzt, da die geeignete Zeit vorbei ist. – **integra re**: als die Sache noch unentschieden war. – **persaepe**: Verstärkung von *saepe*. – **populi opinionem a spe adipiscendi avertunt**: bringen die Meinung des Volkes von der Hoffnung (das Konsulat) zu erringen ab, d. h. bringen das Volk von der Meinung ab, dass du hofftest, das Konsulat zu erringen. – **nescio quo pacto**: auf irgendeine Weise. – **animadvertere**: bemerken. – **meditari aliquid**: etwas vorbereiten. – **desperare aliquid:**die Hoffnung auf etwas aufgeben. – **hoc . . . videatur**: Ordnung: *hoc fit, ut candidatus honorem despera(vi)sse videatur, simulatque accusationem meditari visus est.*

(44) placet: man soll. – **petendi**: erg. *consulatum.* – **persequendi**: erg. *iniuriam.* – **magnis copiis** (erg. *amicorum et clientium*): zur Begleitung von Amtsbewerbern durch Freunde und Klienten, s. Einleitung zum Textband, S. 15. – **forum**: Ort der Wahlwerbung. – **campus**: Marsfeld, Ort der Wahl. – **deducere**: begleiten. – **inquisitio**, onis f: Materialsuche für eine Anklage. – **praenuntia repulsae**: Vorbotin der Niederlage; Attribut zu *inquisitio.* – **testes**: Belastungszeugen. – **suffragator**: Wähler. – **comparatio**, onis f + Gen.: Bemühung um. – **blanditiae**: freundliche

Worte (die der Kandidat an die zu richten hatte, die ihm begegneten). – **declamatio**, onis f: Schimpferei. – **persalutatio**, onis f: freundliches Grüßen. – **hoc novo more**: nach unserer heutigen Mode. – **omnes domos omnium**: erg. *candidatorum* (s. F 14). – **concurrere** + Akk.: hinlaufen zu. – **coniecturam facere**: eine Vermutung anstellen. – **animus**: Mut, Zuversicht. – **facultas**: Möglichkeit, seine Wahl durchzusetzen, d. h. Aussicht auf Wahlerfolg.

(45) demissus: niedergeschlagen. – **iacet**: er ist erledigt. – **hastas abicere**: die Waffen fortwerfen, d. h. die Flinte ins Korn werfen (s. T 1). – **inquirere in** + Akk.: ermitteln gegen. – **facere**: hier: wählen. – **gratia**: Einfluss. – **accedit eodem**: dazu kommt noch. – **nimirum**: s. § 9. – **comparare aliquid**: sich etwas verschaffen. – **e civitate exturbare**: aus dem Staat vertreiben; Bezeichnung der Verbannung, mit der *ambitus* nach der *lex Tullia* bestraft wurde. – **inops**, is: hilflos. – **pericula propulsare**: Gefahren abwehren; zur Konstruktion s. § 5. – **in capitis periculis**: bei Gefährdung der Existenz. – **alicui amicissimorum officia et studia praestare**: jemandem Pflichten und Dienste sehr enger Freunde leisten.

(46) expertus: Partizip zu *experiri (aliquid):* erfahren. – **studium**: persönlicher Einsatz. – **officium**: hier: Hilfsbereitschaft. – **acerrimum est**: es ist in besonderem Maße gefordert. – **adornare atque instruere**: organisieren und einrichten. – **sustinere**: hier: leisten, zuwege bringen. – **se de curriculo petitionis deflectere**: sich von der Bahn der Bewerbung abwenden (s. T 1). – **in accusandi denuntiationem ingredi**: die Anklage ankündigen. – **ista ratio**: diese Überlegung (wie die Anklage vorgebracht werden konnte). – **legem scribere**: ein Gesetz abfassen. – **morem gerere alicui**: jemandem seinen Willen tun, jemandem nachgeben. – **arma***(vi)***sset**: hätte bewaffnet, d. h. hätte noch verschärft (s. T 1). – **refragari** + Dat.: hinderlich sein.

(47) poena gravior in plebem: zur Sache: Es wurde eine härtere Strafe für die *divisores* gefordert, die Mittelsmänner, die im Auftrag der Kandidaten Bestechungsgelder an mittellose Wähler verteilten. Zum einen gehörten diese *divisores* in der Regel der *plebs* an, so dass sich die Strafverschärfung auf diese Weise gegen die *plebs* richtete, zum anderen bedeutete eine härtere Strafe für die *divisores* möglicherweise auch ein Versiegen der Geldquelle für die Empfänger aus der *plebs*. – **commoti**: erg. *sunt* (s. F 6). – tenues: die sozial Schwachen. – **exilium**: erg. *efflagitatum est*. – **noster ordo**: der Senatorenstand, dem Cicero und Sulpicius angehörten. – **condicio fortunae communi durior**: eine härtere (Straf)bedingung für das gemeinsame Schicksal, d. h. die Senatoren sollten ein Gesetz verschärfen, mit dem sie alle in Konflikt geraten konnten, wenn sie sich für ein Amt bewarben. – **morbi excusatio**: zur Sache: Manche, die des *ambitus* angeklagt waren, erklärten, sie könnten wegen einer Krankheit nicht vor Gericht erscheinen. Auf diese Weise verschleppten sie den Prozess bis zu ihrem Amtsantritt. Denn dann erhielten sie Immunität und konnten nicht mehr gerichtlich belangt werden. Das sollte nun verhindert werden. – **alicui rei poena addere**: etwas unter Strafe stellen. – **voluntas multorum**: der gute Wille vieler. – **offensa**: erg. *est*; *offendere* s. § 42. – **contra valetudinis commodum laborare**: zum Schaden der Gesundheit sich Anstrengungen unterziehen (indem Angeklagte trotz einer tatsächlichen Krankheit vor Gericht erscheinen, um nicht bestraft zu werden). – **incommodo morbi etiam ceteros vitae fructus relinquere**: durch den Nachteil der Krankheit auch auf die übrigen Früchte des Lebens verzichten (indem kranke Angeklagte, die nicht vor Gericht erscheinen können, verurteilt werden und dadurch ihre Existenz verlieren). – **haec quis tulit?**: Wer beantragte dies? Antwort: Cicero selbst. Diese Antwort wird nicht gegeben, sondern im folgenden Satz umschrieben. – **mea summa voluntate**: mit meiner völligen Einwilligung. – **senatus frequens**: der zahlreich versammelte Senat. – **adversari**: s. § 40. – **confusio suffragiorum**: Vermischung der Stimmklassen; zur Sache: Gemeint ist offenbar ein Antrag, dass die Zenturien nicht mehr klassenweise, sondern in erster Reihenfolge abstimmen sollten. – **perrogatio legis Maniliae**: Durchsetzung des Gesetzesantrags von Manilius. Gemeint ist wahrscheinlich ein Gesetzesantrag des Volkstribunen C. Manilius aus dem Jahr 66, nach dem den Freigelassenen das Recht gegeben wurde, nicht nur in den vier städtischen *tribus* abzustimmen, sondern in allen 35. Dieses Gesetz war vom Senat kassiert worden. – **aequatio**, onis f: Gleichheit. – **vicinitas**, atis f: Bezirk. – **gratiosus**: beliebt, angesehen. – **editicii iudices**: Richter, die nur vom Ankläger vorgeschlagen werden. Die Richter wurden durch das Los bestimmt, wobei jede Partei eine bestimmte Anzahl ablehnen durfte. – **ut odia . . . erumperent**: zur Sache: Wenn die Wahl der Richter allein vom Ankläger abhing, erhöhte sich die Wahrscheinlichkeit der Verurteilung, es war sogar die Möglichkeit eröffnet, mit Hilfe befreundeter Richter willkürliche, auf persönlicher Feindschaft beruhende Anklagen durchzusetzen.

(48) adipiscendi: erg. *consulatum.* – **obsaepire**: versperren. – **ex omnibus**: erg. *plagis.* – **plagam inicere**: einen Schlag versetzen. – **non tacente me**: wobei ich es dir nicht verschwieg. – **copiosus**: beredt, redegewandt. – **gravissime**: sehr nachdrücklich. – **quo durior** = *itaque eo durior.* – **locus dicendi**: Platz in der Reihenfolge der Verteidigungsreden. – **ut**: hier: da, weil (Erklärung zu *durior locus*). – **ille**: Hortensius. – **vir . . . dicendi**: vorangestelltes Attribut zu M. Crassus. – **in extremo**: erg. *loco.* – **in isdem rebus versari**: sich mit denselben Gegenständen beschäftigen. – **quoad**: soweit. – **satietas**, atis f: Sättigung, Langeweile.

– **securim inicere**: einen Schlag mit dem Beil versetzen. – **quam te securim putas iniecisse?**: zur Konstruktion (Verschränkung) s. § 35. – **cum**: hier: dadurch dass, indem (explikativ) – **pertimescere**: Verstärkung von *timere*.

(49) inquirere: ermitteln. – **ipsum**: erg. *te*. – **observatio**, onis f: Beobachtung (was die Mitbewerber tun). – **testificatio**, onis f: Suche nach Zeugen (für gesetzwidriges Verhalten der Mitbewerber). – **seductio testium**: das Beiseiteführen von Zeugen (ins eigene Haus, um Aussagen zu protokollieren). – **secessio subscriptorum**: heimliche Versammlung der Mitankläger. – **animadvertere**: s. § 43. – **quibus rebus**: Dinge, durch die. – **Catilinam interea**: erg. *animadvertebant*. – **stipare**: umringen, umgeben. – **chorus**: Chor, Menge. – **vallare**: umgeben, schützen. – **index**: s. § 42. – **sicarius**: Mörder. – **inflatus**: aufgeblasen. – **cum . . . tum**: s. § 26. – **ipse**: Catilina. – **circumfluens**: reichlich ausgerüstet mit. – **colonorum . . . exercitus**: zur Sache: Die *coloni* waren ehemalige Soldaten Sullas, die die ihnen zugeteilten Güter wieder verloren hatten und Catilinas Wähler und Gefolge bildeten. – **dissimillimo ex genere . . . homines**: Menschen von ganz anderer Art. – **distinguere aliquam rem**: in eine Sache Abwechslung bringen. – **percutere**, -cutio, -cussi, -cussum: erschüttern, schlagen. – **percussi Sullani temporis calamitate**: zur Sache: Gemeint sind diejenigen, die während der Sullanischen Proskriptionen ihr Vermögen verloren hatten, und ihre Nachkommen. – **ipsius**: Catilina. – **exploratus**: ausgemacht, sicher, gewiss. – **domi conditus**: daheim aufgehoben, d. h. sicher.

(50) desperatio rei publicae: Verzweiflung über die politische Lage. – **ille**: Catilina. – **facere**: hier: wählen. – **commonere** = *monere* – **quibus . . . velle**: Ordnung: *Nolite a me commoneri, qui timor iis rebus iniectus sit bonis omnibus et quanta desperatio (iniecta sit) rei publicae, si ille (consul) factus* *esset.* – **gladiator**: hier: Bandit (Schimpfwort für Catilina). – **percrebescere**: sich verbreiten. – *(voces)* **habere**: (Worte) sagen. – **contio domestica**: Versammlung im Haus; zur Sache: Catilina hielt in seinem Haus eine Versammlung seiner Anhänger ab. – **cum . . . calamitosorum:** Inhalt von Catilinas Rede. – **integer**: hier: in geordneten finanziellen Verhältnissen lebend, d. h. nicht verschuldet. – **fortunatus**: begütert. – **saucius**: (finanziell) angeschlagen. – **integrorum . . . non oportere**: Vor diesem AcI erg. *et dixisset.* – **consumpta replere**: Verbrauchtes ersetzen. Gemeint sind die Veteranen Sullas, die ihr Vermögen verprasst hatten (s. § 49). – **erepta recuperare**: Geraubtes wiedererlangen. Gemeint sind die Opfer der Sullanischen Proskriptionen s. § 49). – **spectarent**: Konjunktiv der Aufforderung in der indirekten Rede. – **ipse**: Catilina. – **debere**: schulden, Schulden haben. – **signifer**: Fahnenträger, Anführer. – Aufbau der indirekten Rede:

cum . . . negasset
    miserorum fidelem defensorem inveniri posse
        nisi eum, qui . . .,
  (et dixisset)
    integrorum . . . promissis saucios et miseros
        credere non oportere;
    quare, qui consumpta replere,
            erepta recuperare vellent,
      spectarent,
        quid ipse deberet,
        quid possideret,
        quid auderet;
    minime timidum et valde calamitosum esse
        oportere eum,
        qui esset futurus dux et signifer calamitosorum

(51) tum . . . meministis: Wiederaufnahme von *meministis* am Anfang von § 50, ohne dass die Satzkonstruktion weitergeführt wird (s. F 18): – **referente me**: auf meinen Antrag hin (s. P 58). – **comitia habere**: Komitien, d. h. eine Volksversammlung abhalten. – **frequenti senatu**: in einer zahlreich besuchten Senatssitzung. – **excitare**: hier: aufrufen (zu einer Stellungnahme oder Rechtfertigung). – **afferre aliquid ad aliquem**: jemandem etwas hinterbringen. – **eum . . . dicere**: Ordnung: *iussi eum dicere de his rebus, quae ad me allatae essent, si quid (dicere) vellet.* – **ut**: wie, da ja. – **apertissimus**: völlig offen. – **se purgare**: sich rechtfertigen. – **se induere**: sich verstricken. – **duo corpora**: Gemeint sind der Senat unter der Führung der schwachen Konsuln und die Masse der Besitzlosen, die keinen Führer hatte. – **si ita de se meritum esset**: wenn er (der Körper) sich um ihn (Catilina) entsprechend verdient gemacht habe, d. h. wenn er ihn gewählt habe. – **congemere**: seufzen, ächzen. – **pro rei indignitate**: angesichts der Ungeheuerlichkeit der Angelegenheit. – **erumpere**: herausstürzen. – **quem . . . exire non oportuerat**: der nicht hätte weggehen dürfen (Verschränkung von Relativsatz und AcI). – **in eodem ordine**: vor derselben Versammlung, d. h. im Senat. – *(incendium)* **ruina restinguere**: (einen Brand) durch Niederreißen löschen. Gedacht ist hier an das Bild der Brandbekämpfung, bei der die umstehenden Häuser abgerissen werden, d. h. eine Schneise geschlagen wird, um das Überspringen der Funken zu verhindern (s. T 1).

(52) iam tum coniuratos: zur Sache: Die eigentliche Verschwörung fand erst nach der Wahl statt, die hier beschrieben wird. – **cum gladiis in campum deducere**: in Waffen auf das Marsfeld führen; zur Sache: Catilina hatte bei den Wahlen seine bewaffneten Männer auf dem Marsfeld, dem Wahlort, verteilt, um Druck auf die Wähler auszuüben und um sie zu seiner Wahl zu zwingen. – **lata insignisque lorica**: breiter und auffälliger Brustpanzer. – **non quae me tegeret**: final. – **petere aliquid**: hier: zielen nach etwas. – **animadverterent**: erg. *loricam.* – **id quod est factum**: wie es tatsächlich geschah. – **remissior**: nachlässiger. – **illam . . . pestem**: Gemeint ist Catilina (s. T 1).

(53) magnus: hier: von großer Bedeutung. – **comitiis consularibus**: bei den Konsulwahlen. – **repentina voluntatum inclinatio**: die plötzliche Zuwendung des Wählerwillens. – **incumbere ad aliquem**: sich jemandem zuneigen. – **adiumenta petitionis**: bei der Bewerbung hilfreiche Vorzüge, Pluspunkte. – **qui**: Murena (relativer Anschluss). – **legatio**: s. § 21. – **praetura probata in iure, grata in munere, ornata in provincia**: eine Prätur, an der die Rechtsprechung Anerkennung, die Veranstaltung der Spiele Beifall und die Verwaltung der Provinz Bewunderung fand. – **minitanti . . . minaretur**: Anspielung auf Sulpicius. Murena zog weder auf Sulpicius' und Catos Drohungen hin (s. Einleitung zum Textband, S. 16–17) seine Kandidatur zurück noch bedrohte er seinerseits seine Mitbewerber. – **mirandum est?**: Muss man sich da wundern? (Rhetorische Frage ohne Fragepartikel). – **Catilinae**: Gen. subiectivus zu *spem.* – **consulatus adipiscendi**: Gen. obiectivus zu *spem.*

c. Zum Vorwurf der Wählerbestechung

(54) tertius ille locus: der 3. (in § 11 genannte) Punkt im Aufbau der Rede. – **perpurgare**: völlig ins Reine bringen, hier: widerlegen. – **a me** = *mihi;* Verwendung des Abl. statt Dat. auctoris beim Gerundivum, um den Gegensatz zu *ab eis* schärfer hervortreten zu lassen; zur Stellung s. F 16. – **divisorum indicia**: Anzeigen der Geldverteiler (zu den *divisores* s. § 47); zur Sache: Einige *divisores*, bei denen Geld beschlagnahmt worden war, hatten ausgesagt, sie hätten es von Murena erhalten. Zu diesem Anklagepunkt hatte C. Postumus gesprochen. – **de pecuniis deprehensis**: über die Beschlagnahme von Geld. – **equitum centuriae**: zur Sache: Die Ritter bildeten eigene Zenturien (s. P 2 *comitia*). Ihnen hatte Murenas Stiefsohn Natta ein Frühstück gegeben, um sie für Murenas Wahl zu gewinnen. Über diesen Punkt hatte Ser. Sulpicius gesprochen. – **senatus consultum**: Gemeint ist der in § 67 erwähnte Senatsbeschluss, dass die Kandidaten Wählern und Begleitern kein Geld zahlen durften usw. – **res publica**: hier: Lage des Staates.

(55) repente: plötzlich, im Augenblick; zur Sache: Die Behauptung, Cicero falle plötzlich etwas ein, ist Rednerpose und erweckt den Anschein von Improvisation und Lebendigkeit. – **conqueri**: sich beklagen. – **cum saepe antea . . . tum vero in his . . . periculis**: während schon oft vorher . . ., dann aber besonders in diesen Gefahren. – **ex**: hier: auf Grund. – **improvisus**: unvorhergesehen. – **queo**: ich kann. – **communis omnium nostrum condicio**: unser aller Lage (d. h. dass das Geschick des Murena jeden treffen kann, der sich um ein Amt bewirbt; s. § 47). – **eventus**, us m: hier: Los, Geschick. – **honores continui**: eine Reihe von gleichartigen Ehrenämtern; zur Sache s. Einleitung zum Textband, S. 17. – **unum ascendere gradum**: eine Stufe weiter hinaufsteigen (d. h. von der Prätur zum Konsulat). – **nova laus**: Gemeint ist das Konsulat, das vor Murena noch keiner in der Familie erreicht hatte. – **in discrimen adduci alicuius rei**: in Gefahr geraten, eine Sache zu verlieren. – Satzaufbau:

Nam cum saepe antea . . . fortunatos eos homines
iudicarem,
qui . . . secuti sunt,
tum vero . . . ita sum affectus,
ut non queam satis . . . huius eventum . . . miserari,
qui primum, dum . . . conatus est, venit in
periculum,
ne et ea, quae ei relicta,
et haec, quae ab ipso
parta sunt, amittat,
deinde . . . adducitur.

(56) cum . . . tum: wenn (an sich) schon . . ., dann besonders. – **non qui** = *qui non* (Umstellung wegen des Gegensatzes zu *sed qui*). – **descendere ad:** sich entschließen zu. – **non qui . . . descenderint**: s. F 17. – **quem intellego . . . permotum** *(esse):* zur Konstruktion (Verschränkung) s. § 32. – **contentio honoris**: s. § 8. – **paternus amicus**: Freund vom Vater her. – **simultas**, atis f: Feindschaft. – **sodalis**: Mitglied derselben *sodalitas* (Genossenschaft), deren Mitglieder (und ihre Söhne) zu gegenseitiger Unterstützung u. a. vor Gericht verpflichtet waren. – **debebant**: sie müssten (der Irrealis bei den Verben des Sollens und Müssens steht im Indikativ). – **cum . . . tum**: s. o. – **alienus ab aliquo**: mit jemandem verfeindet. – **ea condicione**: hier: mit der Bestimmung, zu dem Zweck.

(57) nescio quo pacto: s. § 43. – **praetorius candidatus**: als Kandidat für die Prätur. Postumus hatte sich im selben Jahr, in dem Murena und Sulpicius für das Konsulat kandidierten, um die Prätur beworben, war aber vorzeitig zurückgetreten. – **consularem**: erg. *candidatum.* – **quasi desultorius** *(equus):* wie das Pferd eines Kunstreiters (s. F 25). – **quadrigarum curriculum**: Rennwagen; zur Sache: So wie das Konsulat über der Prätur steht, ist das sportliche Ansehen des Wagenrennens höher als das des Kunstreitens.

– **incurrere in**: losstürmen auf. – **largiri**: hier: bestechen. – **expetendus amicus**: ein begehrenswerter Freund. Gemeint ist: Wenn Postumus sich im Vorhinein der höheren *dignitas* seiner Mitbewerber geschlagen gegeben hat, soll er sich, da er ja nicht einmal eine für die Prätur hinreichende *dignitas* besitzt, aus einer Auseinandersetzung von Konsuln heraushalten. Wenn er aber seine Kandidatur aufgegeben hat, weil seine Mitbewerber mit unlauteren Mitteln arbeiteten, dann soll er diese anklagen und nicht einen Bewerber aus einem Verfahren, mit dem er nichts zu tun hatte (s. T 8). – **DE . . . ADULESCENTIS**: Bei der Veröffentlichung ließ Cicero die weitere Auseinandersetzung mit den Anklagen des Postumus und Servius aus.

(58) Cato, quod est firmamentum: im Lateinischen richtet sich *quod* nach *firmamentum*, im Deutschen aber: Cato, der. – **qui . . . ita . . .est . . ., ut . . . pertimescam**: er ist zwar . . ., aber ich fürchte. – **criminatio**, onis f: Anschuldigung. – **illud deprecabor**: ich möchte darum bitten. – **illius**: Cato. – **exspectatio tribunatus**: das bevorstehende Tribunat. Cato war für das Jahr 62 v. Chr. zum Volkstribun gewählt worden. – **splendor**, oris m: Glanz (den tadellose Lebensführung verleiht). – **gravitas**, atis f: Bedeutung, Würde (zu den Vorzügen des Cato s. Einleitung zum Textband, S. 17). – **soli huic**: Murena. – **bona**: die (eben genannten) guten Eigenschaften. – **ille**: Cato. – **P. Africanus**: s. Scipio 3). – **eximius**: außerordentlich, übergroß. – **cadere in iudicio**: einenProzess verlieren. – **abiectus**: zu Boden geworfen, erledigt.

(59) quid: s. § 41. – **florens**: angesehen. – **incumbere ad perniciem alicuius**: jemanden (durch eine Anklage) zu vernichten versuchen. – **in posterum**: in die Zukunft. – **sapientes . . . iudices**: indirektes Kompliment an die Richter. – **nolo . . . afferat**: er darf nicht bringen. – **valere ad**: Geltung haben für. – **repudiare**: zurückweisen.

(60) descendere ad accusandum: sich zu einer Anklage herablassen. – **causa**: Angelegenheit. – **iudicare**: hier: sich ein Urteil bilden. – **lex**: hier: Grundsatz. – **iudicium accusatoris**: hier: das persönliche Urteil des Anklägers. – **pro aliqua re valere**: als etwas gelten, die Bedeutung von etwas haben. – **praeiudicium**: Vorurteil, Vorverurteilung. – **consilium**: Art zu denken. – **animi mei . . . iudicium**: mein Urteil. – **vituperare**: tadeln. – **forsitan . . . possim**: möglicherweise könnte ich (höfliche Ausdrucksweise). – **conformare**: zurechtrücken. – **Non multa . . . possum**: Zitate aus einer alten Tragödie, in der vielleicht Achill, der stärkste und tapferste Grieche im Trojanischen Krieg, als *ille fortissimus* und entweder Phönix oder der Kentaur Chiron, die beide als seine Erzieher fungierten, als *senior magister* die Gesprächspartner sind. – **at ego non te**: erg. *regere possum.* – **dixerim**: ich dürfte wohl sagen. – **inflectere**: umlenken. – **fingere magnum hominem ad**: zu einem großen Menschen machen in Hinblick auf. – **accessit istuc**: dazu (d. h. zu den angeborenen guten Eigenschaften) trat hinzu. – **doctrina**: philosophische Lehre, hier: die Lehre der stoischen Schule, die allgemein als starr und unangemessen hart galt. – **mitis**, e: mild, sanft. – **veritas**, atis f: Realität. – **natura**: menschliche Natur.

(61) non . . . in imperita multitudine: Kompliment an die Richter. – **agrestis**, is m: Bauer. – **studia humanitatis**: Fragen der Bildung. – **bona**: s. § 58. – **scitote**: ihr sollt wissen. – **in M. Catone . . . propria**: Ordnung: *scitote, iudices, haec bona divina et egregia, quae in M. Catone videmus, ipsius esse propria.* – **quae requirimus**: Vorzüge, die wir vermissen. – **magister**: Zeno (s. Eigennamen und das Folgende in der Rede). – **ea sunt . . . a magistro**: Sinn: Die Fehler des Cato *(= quae requirimus)* sind nicht in seinem Charakter begründet, sondern Ergebnis der starren stoischen Lehre. – **inventa**: Erfindungen, Erkenntnisse. – **aemulus**: Nachahmer, Anhänger. – **cuius . . . nominantur**: als Hauptsatz zu übersetzen. – **sententiae**: Kernsätze. Die Kernsätze der stoischen Lehre, wie sie im Folgenden in Form von AcI (abhängig von einem zu ergänzenden *dicunt*) aufgezählt werden, erscheinen den Laien paradox. – **praeceptum**: Vorschrift. – **exorare** = *orare*. – **distortus**: verkrüppelt. – **mendicus**: bettelarm. – **servitutem servire**: in Sklaverei leben, Sklave sein. (Eine solche Formulierung, in der zu einem Verb ein stammverwandtes, eigentlich überflüssiges Objekt gesetzt wird, bezeichnet man als *Figura etymologica* und wird vorzugsweise in der Dichtung benutzt.) – **fugitivus**: entlaufener Sklave. – **insanus**: wahnsinnig, ohne Verstand. – **delinquere**: sich vergehen. – **gallus gallinaceus**: Haushahn. – **cum opus non fuerit**: unnötigerweise. – **suffocare**: erdrosseln. – **opinari aliquid**: über etwas Vermutungen anstellen. – **falli**: sich täuschen.

(**62**) **haec**: diese Lehren. – **inductus**: angeleitet, verleitet. – **arripere**: sich eifrig aneignen. – **disputandi causa**: zur Sache: Für die meisten boten die (paradoxen) Lehrsätze der stoischen Philosophie nur Stoff für eine gelehrte theoretische Diskussion. – **ita vivendi** *(causa)*: zur Sache: Cato versuchte im Gegensatz zu den anderen nach den Forderungen der stoischen Philosophie zu leben. Im Folgenden zeigt Cicero Situationen des täglichen Lebens, in denen ein Vorgehen nach den Grundsätzen der Stoa grotesk erscheint. Hierbei nennt er zunächst die Situation und bringt dann (im Text durch Anführungszeichen kenntlich gemacht) die Reaktion des strengen Stoikers. – **gratia**: Gefälligkeit. – **fueris . . . feceris**: Fut. II, im Deutschen mit Präsens wiederzugeben. – **at leve delictum est**: Einwand des *aliquis*. – **maledici putat**: er hält es für eine Beleidigung (Reaktion des Stoikers bzw. Catos). – **hac ex disciplina**: aus dieser (philosophischen) Lehre. – **nobis**: Dat. ethicus. – **illa**: diese Haltung (wie sie in dem folgenden

Wechselgespräch zum Ausdruck kommt). – **nomen deferre alicuius**: jemanden anklagen. – **temporis causa** (erg. *dixisti*): der Situation wegen; Sinn: Die Situation hat sich geändert, also ziehe deine Klage zurück. – **mendacium**: Lüge.

(63) fatebor: ich will offen gestehen. – **diffisus ingenio suo**: ohne Vertrauen auf die eigene Veranlagung. – **adiumenta doctrinae**: Hilfen, die philosophische Bildung bietet. – **nostri illi a Platone et Aristotele**: unsere Lehrer, die Nachfolger Platons und Aristoteles'. Gemeint sind die skeptischen Akademiker, die eine gemäßigtere Einstellung vertraten als die Stoiker und zu denen Ciceros Lehrer gehörten. – **distinguere**, distinguo, distinxi, distinctum: unterscheiden. – **homo constans**: ein konsequenter Mann. – **ignoscendi locus**: Gelegenheit zu verzeihen. – **exorari eundem**: derselbe sei Bitten zugänglich, d. h. er sei auch Bitten zugänglich. – **interdum**: manchmal, mitunter. – **de sententia decedere**: seine Meinung ändern, eine Ansicht aufgeben. – **mediocritas**, atis f: Mittelmaß (positiver Begriff im Sinne einer „goldenen Mitte"). – **moderatus**: bestimmt.

(64) deferre ad: führen, verschlagen zu. – **propensus**: geneigt. – **lacessere**: reizen, herausfordern. – **in . . . custodia ponere**: auf die Wache schicken (s. T 1). – **aliquo . . . coniunctum**: Ordnung: *te cum hoc coniunctum esse aliquo vinculo rei publicae.* – **interpretarere** = *interpretareris.* – **mitiorem in partem interpretari**: milder auslegen, d. h. (die Aussage) durch eine entsprechende Interpretation abmildern.

(65) opinione: auf Grund von Vermutung. – **augurari**: prophezeien. – **animi impetus**: seelische Wallung. – **vis naturae et ingenii**: Stärke des Charakters und der Begabung. – **effere**, effero, extuli, elatum: erheben. – **praeceptor**: Lehrer (hier der Philosophie). – **usus**: hier:

Lebenserfahrung. – **dies**: hier: Zeit. – **lenire**: beschwichtigen. – **mitigare**: milder stimmen. – **fines**: Grenzen. – **officium**: Pflicht. – **proferre**: hinausschieben. – **ut . . . consisteremus**: final. – **ubi oportet**: wo es sich gehört. Cicero meint hier wieder die goldene Mitte, die der Mensch erreicht, wenn er sein Ziel darüber hinaus steckt. Im Folgenden schränkt er in einer Wechselrede einige der seiner Ansicht nach übertriebenen Forderungen der Stoiker ein. – **resistito**: man soll Widerstand leisten (Imperativ 3. Pers.). – **etiam**: ja gewiss. – **dissolvere**: aufheben, abschaffen. – **severitas**, atis f: (berechtigte) Strenge. – **in dissolvenda severitate**: zur Konstruktion: s. § 3. – **permaneto**: s. *resistito*. – **vero**: ja.

(66) Scipio: s. Eigennamen Scipio 3). – **facere idem, quod tu** (erg. *facis*): zur Sache: Wie im Hause Scipios lebte in Catos Haus ein griechischer Philosoph. – **comis**, e: freundlich. – **eodem ex studio isto**: aus derselben philosophischen Schule wie du. – **te domum iam deducam tuam**: ich will dich jetzt in dein eigenes Haus führen, d. h. ich will dir ein Beispiel aus deiner eigenen Familie bringen. Das Beispiel des älteren Cato, das nun folgt, entspricht aber kaum dem Bild, das andere Quellen über ihn vermitteln. Als charakteristisch für ihn werden dort seine Strenge, seine Eigenwilligkeit und sein energischen Eintreten gegen Verschwendung genannt. Cicero idealisiert den älteren Cato auch in seiner philosophischen Schrift *Cato maior de senectute*. – **quemquamne existimas . . . fuisse**: zur Konstruktion (Verschränkung) s. § 3. – **communis**, e: zugänglich, freundlich. – **ad omnem rationem humanitatis**: in jeder Form der menschlichen Beziehungen. – **cum vere graviterque diceres**: als du treffend und eindringlich sprachst (offensichtlich in der Anklagerede gegen Murena). – **naturae similitudo illius**: die Wesensähnlichkeit mit ihm. – **aspergere aliquid alicui rei**: einer Sache etwas hinzufügen, hinzugeben (Metapher aus dem Bereich des Kochens). – **condītus**: gewürzt.

(67) ut . . . revertar: zur Sache: Cicero beendigt den Exkurs über Catos Stoizismus und kehrt zu der in § 58 begonnenen Argumentation zurück. – **instituere**: beginnen. – **tollere e causa**: aus dem Spiel lassen. – **congredi aliqua re**: sich auseinander setzen mit, kämpfen um. – **arguere**: behaupten, beschuldigen. – **non defendo**: erg. *ambitum*. – **punire**: hier: mit Strafe bedrohen. – **me referente**: s. § 51. – **mercede**: gegen Entgelt. – **obviam ire** + Dat.: entgegengehen, abholen; zur Sache: Die zum Wahlkampf in Rom eintreffenden Kandidaten wurden abgeholt. – **conductus**: gemietet. – **sectari**: als ständiger Begleiter dienen. – **gladiatoribus**: bei Gladiatorenspielen. – **vulgo**: allgemein (Adv.). – **locus**: hier: Freiplatz, d. h. reservierter Platz; zur Sache: Die Plätze bei den Spielen waren an sich kostenlos, reichten aber nicht aus. Im Fall des Murena waren reservierte Ehrenplätze (s. § 73) weitergegeben worden. – **tributim**: bezirksweise, d. h. allen Angehörigen einer *tribus* (um die Mehrheit dieser tribus für die Abstimmung hinter sich zu bringen). – **prandium**: Festessen. – **si . . . data**: zur Sache: Es werden Missbräuche von Sitten unter Strafe gestellt, die bis zu einem gewissen Grad üblich waren (s. Einleitung zum Textband, S. 15–16). – **quod nihil opus est**: etwas Unnötiges. Das *senatus consultum* ist tatsächlich überflüssig, da es lediglich das als gesetzwidrig feststellt, was bereits durch die *lex Calpurnia* abgedeckt war. – **morem gerere alicui**: jemandem einen Gefallen tun (s. § 46). – **factum sit necne**: ob es geschen ist oder nicht. – **quaeritur**: es ist die Frage, d. h. es ist nicht sicher (zur Schwierigkeit des Nachweises von *ambitus* (s. Einleitung zum Textband, S. 16). – **quin**: dass (abhängig von *dubitare nemo potest*).

(68) est ridiculum: es ist eine Lächerlichkeit. – **relinquere incertum**: im Unklaren lassen (nämlich den Nachweis des *ambitus*). – **iudicare**: gerichtlich festsetzen (nämlich die Gesetzwidrigkeit des *ambitus*). – **atque . . . possit**: Sinn: Der Senatsbeschluss an sich ist neutral. Er ist weder für Sulpicius noch gegen Murena gefasst worden. – **illa**: Gemeint sind die in § 67 aufgezählten Gesetzwidrigkeiten. – **de provincia decedere**: aus der Provinz zurückkehren. – **multi . . . decedenti** (erg. *Murenae*): Vorwurf des Cato. – **eccui . . . non**: etwa irgendjemandem nicht. – **proditur** (erg. *obviam*): man geht entgegen. – **quae . . . multitudo?**: Frage des Cato. – **istam rationem reddere**: hierüber Rechenschaft geben. – **possim**: Potentialis. – **quid admirationis habet?**: was ist Verwunderliches dabei?

(69) quid: s. § 41, wie auch im Folgenden. – **addam**: Potentialis. – **a consuetudine non abhorrere**: von der Gewohnheit nicht abweichen, nicht ungewöhnlich sein. – **qua in civitate . . ., in ea**: Ordnung: *in ea civitate, in qua*. – **rogati**: auf Bitten hin. – **ex ultima urbe**: vom äußersten Stadtrand. – **deductum venire**: kommen, um zu begleiten; zur Sache: Es war Sitte, die Söhne befreundeter Familien, wenn sie die *toga virilis* erhalten hatten, d. h. wenn sie die Volljährigkeit erreicht hatten (s. P 28), zu ihrem ersten Besuch des Forums abzuholen. – **gravari**: sich weigern. – **hora tertia**: zur fraglichen Jahreszeit zwischen 8 und 9 Uhr morgens. – **in campum Martium**: Auf dem Marsfeld fand die Begrüßung der Beamten statt, die aus der Provinz zurückkehrten. – **societates**: Genossenschaften der Steuerpächter, deren Mitglieder vorwiegend dem Ritterstand angehörten. Die Geschworenengerichte bestanden zu gleichen Teilen aus Rittern, Senatoren und Ärartribunen. – **noster ordo**: der Senatorenstand (s. § 47.). – **si multi . . . honestissimi**: erg. *venerunt*. – **officiosus**: pflichtbewusst. – **non honeste**: ohne Ehrenbezeugungen. – **tota natio candidatorum**: die ganze Truppe der Kandidaten (erg. *venit*); zur Sache: Die Kandidaten benutzten die feierliche Heimkehr der Provinzstatthalter, um sich deren zahlreichen Anhängern zu präsentieren und um deren Unterstützung zu werben. – **quid . . . habet admirationis**?: s. § 68. – **tribules**: Angehörige derselben *tribus*. – **frequentia . . . gratuita**: unentgeltliche Begleitung einer großen Menge. – **officium**: hier: Freundschaftsdienst. – **non modo dignitati . . ., sed ne voluntati quidem defuisse**: Sinn: Sowohl um jemanden zu ehren, als auch, wenn man gebeten wird, leistet man den Freundschaftsdienst der Begleitung.

(70) at sectabantur multi: Vorwurf des Cato. – **sectari**: s. § 67. – **doce mercede**: erg. *eos sectatos esse*. – **hoc remoto**: wenn das nicht der Fall ist. – **inquit**: Subjekt ist Cato. – **quaerere aliquid ab aliquo**: jemanden etwas fragen. – **homines tenues**: Leute aus kleinen Verhältnissen. – **unum habent . . . locum**: sie haben nur eine Möglichkeit. – **aut promerere aut referre beneficia**: Dienste erweisen oder erwidern. – **haec . . . opera atque assectatio**: diese mühevolle Begleitung (s. F 3); zur Sache s. Einleitung zum Textband, S. 15. – **a nobis**: von uns Senatoren. – **domus nostra celebratur**: unser (der Senatoren) Haus wird fleißig besucht (bei den in Rom üblichen Morgenempfängen). – **uno basilicae spatio honestare**: mit einer Basilikenlänge ehren, d. h. auf eine Basilikenlänge begleiten. Basiliken sind Säulenhallen auf dem Forum, die u. a. als Gerichtsgebäude dienten. – **observare**: gebührend beachten. – **non occupatus**: jemand der keinen eigentlichen Beruf ausübt, sondern seinen Lebensunterhalt als Klient großenteils von seinem *patronus* erhält.

(71) inferius genus hominum: Gruppe von besitzlosen Menschen (s. F 4). – **fructus officii**: Vorteil der Pflichterfüllung. – **si nihil erit**: erg. *quod nobis tribuere possint*. – **suffragium**: Stimme. – **suffragari**: werbend unterstützen. – **dicere**: vor Gericht sprechen. – **spondere**: Bürgschaft leisten. – **domum vocare**: einladen. – **haec opera**: Gemeint ist die Begleitung (s. § 70). – **compensare**: ausgleichen, erwidern. – **neque . . . posse**: Ordnung: *neque putant (ea), quae a nobis consequuntur, ulla re alia compensari posse nisi hac opera sua.* – **observantia**: Pflichteifer.

(72) spectacula: Zuschauerplätze (s. § 67 locus). – **tributim**: s. § 67. – **vulgo**: s. § 67. – **at . . . vocati**: Vorwurf des Cato. – **more et modo**: der Sitte gemäß und maßvoll (s. F 21). – **recordari**: sich erinnern. – **quantum . . . punctorum**: wieviel Stimmen; zur Sache: Die abgegebenen Stimmen wurden durch Punkte auf Wachstafeln notiert. – **hae conquestiones**: die Beschwerden hierüber. – **nobis**: dem Sulpicius und Cicero, der ihn unterstützte. – **detrahere**: entziehen. – **quod tempus fuit**: wann hat es eine Gelegenheit gegeben. – **nostra memoria**: unsere Zeit. – **ambitio**, onis f: Eifer bei der Bewerbung (im Gegensatz zu *ambitus* nicht negativ). – **fuerit**: Konjunktiv im konsekutiven Relativsatz, braucht im Deutschen nicht ausgedrückt zu werden. – **locus**: s. § 67. – **circus**, **forum**: Orte der Spiele und der Gladiatorenkämpfe. – **tribules**: s. § 69. – **homines tenuiores**: s. § 70. – **a suis tribulibus**: Hier sind die Amtsbewerber gemeint.

(73) Der letzte Satz des § 72 ist in der Überlieferung genauso verlorengegangen wie der Anfang des ersten Satzes von § 73. Sinngemäß dürfte der Anfang dieses Satzes gelautet haben: Wenn nun einige Leute dem Murena vorwerfen . . . – **praefectus fabrum**: Befehlshaber der Pioniere. Dieser Offizier fungierte als persönlicher Adjutant des Kommandeurs. – **statuere aliquid in aliquem**: etwas gegen jemanden beschließen. – **primarius**: vornehm. – **totas tabernas comparare**: ganze Blöcke (an Sitzplätzen) beschaffen. – **senatus auctoritas**: die Willensäußerung des Senats, der Senatsbeschluss. – **Murena defenditur**: Murena wird gedeckt, d. h. er hat nichts Unerlaubtes getan. Mit den folgenden kurzen Fragesätzen, die sofort beantwortet werden, soll gezeigt werden, dass Cato den Beweis, dass Murena sich im Sinne des Senatsbeschlusses vergangen hat, schuldig geblieben ist. – **mercede**: erg. *obviam prodire.* – **convince**: erg. *Murenae mercede obviam itum esse.* – **convincere**: beweisen. – **num sectari multos**: erg. *senatus crimen putat.* – **conductos**: erg. *sectari.* – **doce**: erg. *conductos Murenam sectatos esse.* – **Num . . . invitare**: erg. *senatus crimen putat.* – **vulgo**: s. § 67. – **universos**: zur Sache: Indem Cicero den Begriff *vulgo* aus dem Senatsbeschluss (§ 67) mit *universos* interpretiert, entkräftet er den Vorwurf des Cato, da ja tatsächlich nicht alle, d. h. das ganze Volk zum Essen geladen worden waren, sondern nur die Mitglieder der Ritterzenturien, und auch nicht von Murena selbst, sondern von seinem Stiefsohn Natta. – **qui . . . videmus**: Verschränkung von Relativsatz und indirekter Frage; für die Übersetzung als Parenthese aus der Satzkonstruktion herauszulösen: – *videmus, quo animo is iam sit et qualis vir futurus sit* –. – **voluit esse gratiosus**: er wollte sich beliebt machen. – **ad officium necessitudinis**: in Hinblick auf die verwandtschaftliche Verpflichtung (zur Unterstützung des Murena). – **ad reliquum tempus**: in Hinblick auf die (eigene) Zukunft. Die Sympathien, die sich Natta durch die aktuelle Großzügigkeit erwarb, konnten ihm später bei der eigenen Karriere nützlich sein. – **vitricus**: Stiefvater. – **fraudi aut crimini esse**: zum Schaden oder Vorwurf gereichen, d. h. schaden oder Vorwürfe einbringen. – **nec . . . non**: und nicht . . . nicht, d. h. und sicherlich. – **virgo Vestalis . . . locum suum . . . concessit**: zur Sache: Für die Vestalinnen waren Ehrenplätze reserviert. Eine mit Murena verwandte Vestalin hatte ihm ihren Platz, wahrscheinlich eine mehrere Einzelplätze umfassende Loge, überlassen, und er hatte diesen Platz weitergegeben. – **pie**: aus verwandtschaftlichen Gründen (d. h., nicht um Murena die Möglichkeit der Bestechung zu geben).

(74) austere agere cum aliquo: streng mit jemandem umgehen. – **verum**: moralisch korrekt. – **allicere**: anlocken, gewinnen. – **cibo**: gemeint: dadurch, dass man Leute zum Essen einlädt. – **in magistratibus mandandis**: zur Konstruktion s. § 3. – **quippe**: natürlich, aber ja. – **inquit**: Subjekt ist Cato. – **gubernaculum**: Steuerruder. – **petas**: willst du anstreben (fragender Konjunktiv). – **fovere**: pflegen, begünstigen. – **sensus**: (körperlicher) Sinn, Pl.: Sinnlichkeit. – **delenire**: ködern, günstig stimmen. – **fovendis sensibus, deleniendis animis, adhibendis voluptatibus**: zur Konstruktion s. § 17. – **lenocinium**: Kupplerlohn. – **grex**, gregis m: Herde, Menge. – **delicatus**: vergnügungssüchtig. – **respuere**: zurückweisen. – **neque tamen . . . neque vero**: und trotzdem nicht . . . und noch weniger. – **auctores alicuius rei**: Urheber von etwas; diejenigen, die mit etwas angefangen haben. – **cotidianis epulis**: bei den täglichen Mahlzeiten. – **in robore accumbere**: auf Holz liegen (nicht auf Kissen wie die Römer). – **gustare**: speisen. – **nemo . . . cubans**: zur Sache: Die Kreter aßen im Sitzen. – **tempora voluptatis laborisque dispertire**: die Zeit auf Vergnügen und Anstrengung verteilen. – **rem publicam suam retinere**: den eigenen Staat behalten, d. h. politisch selbständig bleiben. – **alteri . . . alteri**: die Kreter (die erst vor kurzer Zeit 68–66 v. Chr. unterworfen worden waren) . . . die Spartaner. – **disciplina**: hier: die alte strenge Lebensgewohnheit.

(75) res ipsa: die Wirklichkeit, d. h. die Entwicklung des römischen Staates. – **comprobare**: bestätigen. – **eodem ex studio**: aus der gleichen philosophischen Schule. – **epulum**: hier Leichenschmaus. – **P. Africani . . . nomine**: zur Ehren des P. Africanus (s. Scipio 3). – **patruus**: Onkel. – **triclinium sternere**: die Liegen mit Polstern und Decken ausstatten. Zu diesem Zweck wurden in der Regel kostbare Teppiche und Kissen verwendet, außerdem wurden kostbare Gefäße aufgestellt. – **pellicula haedina**: Bocksfellchen. – **lectulus**: Speisesofa. – **supremo eius die**: an seinem letzten Tag, d. h. am Tag seines Begräbnisses. – **laudare aliquem**: hier: für jemanden die Leichenrede halten, in der üblicherweise die Vorzüge des Verstorbenen hervorgehoben wurden (zur *laudatio funebris* s. Einleitung zum Textband, S. 7). – **in morte celebranda**: bei der Leichenfeier.

(76) his haedinis pelliculis: kausal. – **praetura deici**: bei den Wahlen zur Prätur durchfallen. – **profusus**: unmäßig im Aufwand, verschwenderisch. – **sordes**, is f: schmutziger Geiz. – **inhumanitas**, atis f: fehlende Lebensart. – **ratio officiorum ac temporum**: die Art der Verpflichtungen und Gelegenheiten. – **vicissitudo**, inis f: Wechsel. – **quod ais**: was das angeht, dass du sagst. – **allicere**: s. § 74. – **ad magistratum mandandum**: zur Konstruktion s. § 5. – **servare**: hier: beherzigen. – **studere alicui**: jemandes Partei ergreifen, jemanden unterstützen. – **se committere alicui**: sich jemandem anvertrauen. – **rogas tu me, ut mihi praesis**: s. T 8; Richtigstellung im folgenden Redetext. – **istuc me rogari oportet**: ich muss darum gebeten werden. – **periculum suscipere**: eine Gefahr auf sich nehmen.

(77) quid quod: wie steht es damit, dass. – **nomenclator**: Namennenner; zur Sache: Wenn die Kandidaten die Bürger auf dem Forum ansprachen, um sie um ihre Stimme zu bitten, war es üblich, die Bürger beim Namen zu nennen. Da man aber nicht alle Bürger namentlich kannte, nahm man einen Sklaven mit, der dem Kandidaten den Namen zuflüsterte. Über den inkonsequenten Umgang Catos mit dieser Sitte macht sich Cicero im Folgenden lustig. – **noris** = *noveris*. – **monitor** = *nomenclator*, zur Sache: Die Mitnahme des Nomenclators bei der Wahl war zur Konvention geworden. – **cum petis**: bei der Amtsbewerbung. – **admonere**: hier: erinnern (an den Namen). – **ad**

rationes civitatis derigere: nach den Konventionen des öffentlichen Lebens richten. – **perpendere ad disciplinae praecepta**: nach den Vorschriften der (stoischen) Schule ausrichten. – **benignitas**, atis f: Wohltätigkeit. – **liberalitas**, atis f: Freigebigkeit (positiver Begriff im Gegensatz zu *largitio:* Bestechung).

(78) at enim: aber natürlich; Überleitung zu einem neuen Gedanken. – **res publica**: hier: das Staatsinteresse. – **animus**: hier: Gesinnung. – **imprudentiā**: aus Mangel an politischem Weitblick. – **labi**: hier: sich irren; zur Sache: Nach Catos Ansicht verlangt das Staatsinteresse die Verurteilung Murenas, nach Ciceros Ansicht die Freilassung Murenas (zumal er ja unschuldig sei), da angesichts der Gefahr, die von Catilina droht, zwei Konsuln benötigt werden (s. Einleitung zum Textband, S. 18–19). – **cum . . . tum**: s. § 26. – **audite**, **audite**: s. F 13. – **tantum dicam**: nur das eine will ich sagen. – **usque eo**: so sehr. – **eā copiā**: mit der Truppe. Gemeint sind die Verschwörer, die zusammen mit Catilina Rom verlassen haben (s. Einleitung zum Textband, S. 18). – **contagio,** onis f: Berührung, Einfluss, Ansteckung. – **ad plures pertinet**: es sind mehr betroffen. – **intus**, **intus**: s. F 13. – **equus Troianus**: s. Eigennamen. Gemeint sind die Verschwörer, die sich noch in Rom befinden (s. Einleitung zum Textband, S. 18).

(79) ecquid: ob etwa. – **nihil**: hier: keineswegs. – **quaerere ab aliquo**: s. § 70. – **hic**: hier, d. h. in Rom. – **qui . . . deseruisse dicuntur**: Gemeint sind die in Rom zurückgebliebenen Verschwörer. – **specula**, ae f: Ausguck. – **in capite et in cervicibus nostris restare**: uns in Haupt und Nacken sitzen (d. h. uns drohen). – **integer consul**: ein unbescholtener Konsul. Gemeint ist Murena. – **natura**: hier: Charakter (vorher durch *integer* und *bonus* beschrieben). – **vestris sententiis**: durch euren Richterspruch. – **deturbare**: verjagen, vertreiben. – **alter consul**: der eine der beiden gewählten Konsuln, d. h. Murena. – **reieci in campo**: zur Sache: Die Catilinarier hatten die Wahlen (auf dem Marsfeld) mit Waffengewalt zu stören versucht (s. § 52). – **debilitare**: schwächen. – **debilitavi in foro**: zur Sache: Eine Rede Ciceros auf dem Forum hatte Catilina dazu gebracht, Rom zu verlassen. – **compressi domi meae**: zur Sache: Cicero entging nur knapp einem Attentat der Catilinarier in seinem eigenen Haus. – **tradere**: ausliefern (durch Verurteilung und Verhinderung des Amtsantritts). – **quorum . . . consecuti**: Ordnung: *si vos his, quorum ferrum et audaciam ego reieci . . ., debilitavi . . ., compressi . . ., alterum consulem tradideritis, (ii) plus multo erunt . . . consecuti.* – **multis repugnantibus**: zur Sache: Über den Widerstand von vielen äußert Cicero sich nicht näher. Vielleicht meint er an dieser Stelle, dass er trotz der Tatenlosigkeit des Senats (s. § 51) und der Bedrohung durch die Catilinarier (s. § 52) geordnete Konsulwahlen durchsetzte

(80) mediocria consilia: gewöhnliche, d. h. nicht besonders gefährliche Maßnahmen. – **usitata vitia**: gewöhnliche, übliche Verbrechen. – **quaeritur**: es ist das Ziel. – **consilia urbis delendae, civium trucidandorum, nominis . . . extinguendi**: Pläne, die Stadt zu zerstören, . . . – **cives, cives**: s. F 13. – **eos**: Gemeint sind die Catilinarier. – **hoc nomine**: d. h. mit dem Namen „Bürger". – **subtrahere**: entziehen, wegnehmen. – **vicarius**: Stellvertreter, Nachfolger. – **rem publicam tradere incolumem . . . defendendam**: den Staat unversehrt zur Verteidigung übergeben.

(81) tempestas, atis f: Unwetter, d. h. drohendes Unheil (s. T 1). – **annus tuus**: Gemeint ist das bevorstehende Amtsjahr Catos als Volkstribun. – **contio**, onis f: (Volks-) Versammlung. – **intonare**: donnern, grollen (s. *tempestas*). – **designatus tribunus**: Q. Metellus Nepos, wie Cato für das folgende Jahr zum Volkstribun gewählt. – **providere**:

Vorkehrungen treffen. – **qui te ad tribunatus petitionem vocaverunt**: zur Sache: Als Kollege des Nepos konnte Cato als Gegengewicht wirken, da er die gleichen Befugnisse besaß. – **per hoc triennium**: in den letzten drei Jahren. – **agitare**: planen, anzetteln. – **ab eo tempore, quo**: von der Zeit an, als; genaue Bestimmung, wann dieser Zeitraum von drei Jahren begonnen hat, nämlich mit der so genannten 1. Catilinarischen Verschwörung im Jahr 65 v. Chr., einem Putschplan, an dem Catilina – wenn auch nicht in führender Position – und Cn. Piso beteiligt waren. – **quo . . . initum consilium . . . scitis esse**: zur Konstruktion (Verschränkung) s. § 32. – **in hos dies, in hos menses, in hoc tempus**: s. F 11.

(82) qui locus . . . quae nox: s. F 11. – **mucro**, onis m: Dolch (Anspielung auf das in § 79 erwähnte Attentat auf Cicero). – **evolare**: entfliehen. – **meo nomine**: um meiner Person willen. – **id quod . . . et agunt et moliuntur**: das . . . führen sie im Schilde und betreiben sie. – **cum . . . viderint, tum . . . arbitrantur**: wenn sie sehen . . ., glauben sie . . . – **inermis et debilitatus**: waffenlos und geschwächt (dadurch, dass ihm im Falle einer Verurteilung der Konsul Murena nicht zur Seite steht. Hier übertreibt Cicero, indem er den gewählten Konsul Silanus, der Cato unterstützen könnte, unberücksichtigt lässt). – **sufficere**: hier: nachwählen. – **in tuorum potestate collegarum**: zur Sache: Die Volkstribunen konnten eine Nachwahl durch ihr Interzessionsrecht verhindern. – **obicere**: hier: ausliefern.

(83) est tuum: es ist deine Sache, Pflicht. – **quid agatur**: worum es geht. – **fortuna**: hier: Vermögen. Der Gedanke ist, dass Murena sich im Gegensatz zu den Anhängern Catilinas nicht in einer verzweifelten finanziellen Lage befindet, also keine Revolution nötig hat – **constitutus ad**: zu etwas bestimmt. – **amplexari**: hochschätzen. – **otium**: hier: innerer Friede. – **animus et usus**: Gesinnung und Erfahrung. – **quod velis**: jedes. – **ad amplexandum otium, . . . ad bellum gerendum, . . . ad . . . negotium sustinendum**: zur Konstruktion s. § 5.

4. Schlusswort

Während in den vorangehenden Paragraphen das Schicksal des Murena von Cato abhängig zu sein scheint, wendet sich Cicero im Schlusswort, wie es üblich war, wieder an die Richter: **quamquam**: indessen, jedoch. – **causa**: hier: Sache. – **consilium**: hier: Ratskollegium (s. T 8). – **rationes**: Überlegungen. – **illius**: Catilina. – **orbare**: berauben. – **auxilium**: Gemeint ist die konsularische Macht. – **facultas seditionis . . . concitandae**: zur Konstruktion s. § 80. – **delecti. . . viri**: Gemeint sind die Richter. – **importunus**: rücksichtslos, frech, brutal. – **gladiator**: s. § 50.

(84) sententiam ferre: seine Stimme abgeben (als Richter), entscheiden. – **lapsi**: wenn wir gestürzt sind. – **resistere**: wieder aufstehen, zum Stehen kommen. – **gemitus**, us m: Seufzen, Stöhnen. – **non nemo** (erg. *hostis*): mancher. – **sacrarium**: Heiligtum. – **curia**: Rathaus, Versammlungsort des Senats. – **faxint** = *faciant*. – **meus collega**: der Konsul Antonius, der mit einem Feldzug gegen Catilina beauftragt war. – **latrocinium**: Räuberbande. – **togatus**: in der Toga, d. h. in Zivil im Gegensatz zu Antonius *(armatus)*. – **quod conceptum res publica periculum parturit**: die Gefahr, die der Staat empfangen hat und gebiert. – **discutere**: abschütteln.

(85) haec: diese Schwierigkeiten und Gefahren. – **redundarint** = *redundaverint*, *redundare*: hier: hineinfließen in, d. h. übergreifen auf. – **in administrando bello, . . . in sufficiendo collega**: zur Konstruktion s. § 3. – Im Folgenden ist der Text zerstört. Sinngemäß dürften in dem fehlenden

Stück die Schwierigkeiten behandelt worden sein, mit denen der Konsul sich bei den Wahlen für einen Nachfolger Murenas auseinander zu setzen hätte. – **illa pestis . . . Catilinae**: Gemeint sind wahrscheinlich die in Rom gebliebenen Catilinarier. – **importunus**: s. § 83. – **ruina**: Untergang. – **agri suburbani**: Gebiete der Vorstadt. – **in rostris**: auf der Rednerbühne. – **furor**: Gemeint ist vor allem der *tribunicius furor*, s. § 24. – **vastitas**, atis f: Verwüstung. – **ornata suis praesidiis**: ausgerüstet mit den ihm (dem Staat) zukommenden Machtmitteln (d. h. mit zwei Konsuln). – **consilia**: hier: vernünftige Maßnahmen.

(86) quae cum ita sint: da dies so ist; übliche Einleitung einer Schlussfolgerung. – **qua nulla res cuiquam potior esse debet**: wörtl.: im Vergleich zu dem (= dem Staat) keine Sache irgendjemanden wichtiger sein darf, d. h. der einem wichtiger sein muss als jede andere Sache. – **pro**: angesichts von; zur Wiederholung von *pro* s. F 12. – **ut . . ., ut . . ., ut . . ., ut**: s. F 11.12. – **idem . . . defensoris et amici officio adductus**: gleichermaßen als Verteidiger und als Freund verpflichtet. – **obsecrare**: anflehen, beschwören. – **ut ne**: verstärktes *ne*. – **miser**: wie die folgenden Begriffe *morbus, dolor, confectus, lamentatio* usw. dient diese Bezeichnung dazu, das Mitleid der Richter zu erregen. Ein solcher Appell an das Mitleid war am Ende einer Gerichtsrede üblich. – **cum . . . tum**: s. § 26. – **confectus**: vollendet, d. h. hier: „erledigt", erschöpft. – **obruere**: verdunkeln. – **modo . . . nunc:** eben gerade noch . . . jetzt. – **primus . . . primus**: zur Sache: Murena war der erste Konsul in seiner Familie (s. Einleitung zum Textband, S. 17) und seiner Heimatstadt Lanuvium; s. F 12. – **squalore et sordibus confectus**: s. § 42 Anfang. – **vester . . . supplex**: zu euren Füßen. – **fides**: s. § 2. – **obtestari**: beschwören, bitten, anflehen. – **intueri**: blicken auf. – **vester . . ., vestram . . ., vestram . . ., vestram . . . ac vestras**: s. F 12.

(87) hac . . . cum re: zusammen mit dieser Sache. Gemeint ist das Konsulat. – **parere**, pario, peperi, partum: erwerben gewinnen. – **fortuna**: hier: Stellung. – **si . . ., si . . ., si**: s. F 12. – **laedere**: verletzen, beleidigen. – **ut levissime dicam**: um es sehr zurückhaltend zu formulieren. – **domi, militiae**: im Frieden, im Krieg. – **modestia**, **pudor**: für *homo modestus, homo pudicus* (Abstraktum für Konkretum, s. T 3). Auch die Bescheidenheit und Demut des Angeklagten sind Topoi der Gerichtsrede. – **misericordiam habere**: Mitleid erwecken. – **spoliatio**, onis f: Verlust. – **nullam invidiam habere**: zur Übersetzung s. *misericordiam habere;* zur Sache: Cicero versucht die Attraktivität des Amtes, die seinen Träger naturgemäß dem Neid anderer aussetzte, im Folgenden herabzusetzen. – **obicitur**: ist ausgesetzt. – **opponitur**: ist preisgegeben. – **contio**: s. § 81. – **solus**: erg. *consulatus.*

(88) in hoc praeclaro consulatu: s. T 8. – **omen**: hier: Unglück. – **quod Iuppiter omen avertat**: abergläubische Floskel, vergleichbar unserem: „Man soll den Teufel nicht an die Wand malen". – **sententia**: Entscheidung (s. *sententiam ferre* § 84). – **affligere**, affligo, afflixi, afflictum: niederwerfen, stürzen. – **afflixeritis**: potentialer Konjunktiv. – **imago**: Bildnis, Maske. In den Atrien wurden in kleinen Schränken Wachsbildnisse der Vorfahren aufbewahrt, die bei festlichen Anlässen hervorgeholt und geschmückt wurden. Dass die Maske von Murenas Vater anlässlich des Wahlsiegs mit Lorbeer geschmückt wurde, deutet darauf, dass er einmal einen Triumph gefeiert hat. Im Folgenden werden die Gefühle nach einer möglichen Verurteilung (Schande, Trauer) auf das Bildnis des toten Vaters übertragen. – **deformare**: entstellen. – **modo . . . nunc**: s. § 86. – **sollicita est**, **ne**: sie ist in Sorge, dass.

(89) eius: Bezugswort zu *quem.* – **appellare**: hier: erwähnen. – **nova poena legis**: Die Bestrafung nach der *lex Tul-*

lia, s. Einleitung zum Textband, S. 16. – **consuetudo**: hier: Umgang. – **at**: Einleitung eines Einwandes. – **habere dolorem**: s. *misericordiam habere* § 87. – **decedere**: weggehen. – **summo cum imperio**: im Besitz der höchsten Amtsgewalt (als Proprätor). – **ut . . . videat**: Ordnung: *ut Gallia Tr. eundem, quem nuper . . . viderit, . . . exulem videat.* – **huius**: L. Murena. – **illius**: C. Murena, der Bruder des L. Murena. – **quibus in locis** = *in iis locis, in quibus.* – **celebrare**: hier: mit Freude verkünden. – **gratulatum**: zum Gratulieren (Supinum I nach einem Verb der Bewegung).

(90) quae: diese Vorstellungen (die Cicero in den §§ 88; 89 den Richtern vor Augen geführt hatte). – **alienus a**: nicht vereinbar mit. – **si . . ., si . . .**: s. F 12. – **beneficium**: s. § 2. – **pudor**, oris m: Anstand, Ehrenhaftigkeit. – **date . . ., date . . .**: s. F 12. – **in hac tota causa**: während der ganzen Prozessverhandlungen. – **frequens**: in großer Zahl anwesend. – **sacra patricia**: altererbter Opferdienst. – **facere** (erg. *sacra*): opfern. – **domesticus et suus consul**: der Konsul aus der gleichen Heimat; zur gemeinsamen Herkunft des Murena und der Iuno Sospita aus Lanuvium s. Eigennamen *Iuno* und *Lanuvium.* – **commendatio**, onis f: Empfehlung. – **otium**: s. § 83. – **studiosissimus bonorum**: eifriger Freund der Rechtschaffenen. – **coniuratio**: Gemeint ist die Verschwörung des Catilina.

IV. Leitfragen zur Interpretation*

1. Zu *De imperio Cn. Pompei*

Prooemium (§§ 1–3)

Gründe für Ciceros erstes Auftreten in einer politischen Rede (§§ 1–2)

a) Welche Gründe gibt Cicero dafür an, dass er bisher auf politische Reden verzichtet hat, nun aber doch seine erste politischeRede hält?

b) Welche Absicht verfolgt Cicero mit der Angabe dieser Gründe (s. zur Funktion des Prooemiums) und mit welchen Strategien und rhetorischen Kunstmitteln versucht er die Erreichung seines Ziels zu unterstützen?

Themennennung (§ 3)

Welche Erwartungen des Zuhörers erweckt Cicero mit der Nennung seines Themas, insbesondere mit der rhetorischen Gestaltung dieses Themas?

* Berücksichtigen Sie bei Ihrer Interpretation die jeweils von Cicero verwendeten Stilmittel, auch wenn dies nicht ausdrücklich in jeder Interpretationsfrage verlangt wird! Auf viele dieser Stilmittel wird in den Erläuterungen hingewiesen.

Darstellung der militärischen Lage (§§ 4–5)

a) Welche Informationen über die militärische Lage sind in den §§ 4–5 enthalten?
b) Welche politischen Verflechtungen lassen sich erkennen?

Gliederung (§ 6)

Vergleichen Sie die von Cicero genannten Gliederungspunkte mit dem Aufbau der Rede (s. Inhaltsverzeichnis des Textbandes) und ermitteln Sie den Umfang der einzelnen Teile! Welche Strategie lässt sich aus diesen Zusammenhängen ableiten?

Argumentation für Pompeius (§§ 6–50)

Der Krieg (§§ 6–26)
Die Art des Krieges (§§ 6–19)
a) Cicero beschreibt den Mithridatischen Krieg durch vier Werte, die für die Römer auf dem Spiel stehen. Welche sind diese vier Werte? Wie ist ihre Nennung rhetorisch gestaltet? (§ 6)
b) Inwiefern wird der Ruhm der Römer durch den bestehenden Krieg gefährdet? Welchen Eindruck haben die beiden vergangenen Mithridatischen Kriege hinterlassen? (§§ 7–12)
c) In welcher Weise ist das Wohlergehen der Bundesgenossen von der Beauftragung des Pompeius abhängig? (§§ 12–13)
d) Beschreiben sie die Abhängigkeit der Steuereinnahmen von der Stabilität der Verhältnisse in der Provinz! (§§ 14–16)

e) Vergleichen Sie die von Cicero geschilderten finanziellen Verflechtungen (§§ 17–19) mit modernen Verhältnissen! Bewerten Sie die von ihm für den speziellen Fall gezogenen Konsequenzen!
f) Welche Funktion erfüllt der letzte Satz von § 19 im Zusammenhang?

Die Bedeutung des Krieges (§§ 20–26)
a) Gliedern Sie den Abschnitt in vier Teile, geben Sie jedem Teil eine Überschrift und beschreiben Sie seine Funktion!
b) Wie stellt Cicero die Person und die Leistungen des Lucullus dar?
c) Welches Bild zeichnet Cicero von Mithridates? Was erreicht er durch den Vergleich mit der Zauberin Medea (§ 22)?

Der Feldherr (§§ 27–48)
a) Bewerten Sie die Eigenschaften, die Cicero für einen Feldherrrn fordert (§ 28)!
b) Worin zeigt sich Pompeius' *scientia militaris* (§ 28)?
c) Welche *virtutes* werden Pompeius zugeschrieben (§§ 29–42)? In welche Kategorien kann man diese *virtutes* einordnen und auf welche Weise wird gezeigt, dass Pompeius die in § 28 geforderten *virtutes* besitzt?
d) Worin zeigt sich Pompeius' *auctoritas* (§§ 43–46)?
e) Worin zeigt sich seine *felicitas* (§§ 47–48)?
f) Bewerten Sie das Bild, das Cicero von Pompeius zeichnet (vgl. bes. §§ 10, 41, 45)!

Schlussfolgerung (§§ 49–50)
a) Nennen Sie die entscheidenden Stichworte der Zusammenfassung in § 49, und ordnen Sie sie den voran-

gehenden Redeteilen zu! Welche Funktion hat eine solche Zusammenfassung?

b) Wie verhält sich der Inhalt von § 50 zu den voranstehenden Redeteilen?

Widerlegung der Gegner (§§ 51–68)

Auseinandersetzung mit dem Einwand des Hortensius (§§ 52–58)

a) Mit welchem Argument wendet sich Hortensius gegen die *lex Manilia?*

b) Wie versucht Cicero diesen Einwand zu entkräften? Wie geht er dabei mit seinen politischen Gegnern um (§ 57)?

c) Bewerten Sie die Argumente der beiden Seiten!

Catulus' *sententia* zu Hortenisus' Einwand (§ 59)

Nennen Sie diese *sententia* und Ciceros Antwort! Beachten Sie dabei, dass Cicero in diesem Abschnitt (§ 59) eine Formulierung benutzt: *si in uno . . . omnia poneretis*, die er im Folgenden (§ 60) fast wörtlich wiederholt: *ut in uno . . . spes imperii poneretur*!

Auseinandersetzung mit dem Einwand des Catulus (§§ 60–68)

a) Mit welchem Argument wendet sich Catulus gegen die *lex Manilia* und wie versucht Cicero diesen Einwand zu entkräften?

α) Nennen Sie Ciceros Argumente!

β) Beschreiben Sie, wie Cicero in den §§ 61–63 (Anfang) seine Argumentation rhetorisch gestaltet!

b) In den §§ 63 und 64 geht Cicero mit seiner Zuhörerschaft, dem Volk, psychologisch besonders geschickt um. Worin besteht seine psychologische Geschicklichkeit an dieser Stelle?

c) In welchen inhaltlichen Zusammenhang gehört Ciceros Argumentation in den §§ 64–68? Begründen sie ihre Verwendung an dieser Stelle!

d) Bewerten Sie die Argumente der beiden Seiten!

Schlusswort (§§ 68–71)

Gliedern Sie das Schlusswort in drei Abschnitte! Geben Sie den Inhalt jedes Abschnittes wieder, beschreiben Sie seine Funktion (s. zur Funktion der *Peroratio*) und seine rhetorische Gestaltung!

Gesamttext

Sollte Ihrer Meinung nach Pompeius das beantragte Sonderkommando erhalten? Begründen Sie ihre Entscheidung!

2. Zu *Pro Murena*

Prooemium (§§ 1–10)

a) Welche sind die zentralen Begriffe in Ciceros Gebet für den Ausgang des Prozesses (§ 1), und welchen Hinweis geben diese Begriffe auf Ciceros Verteidigungsstrategie (s. Einleitung zum Textband)?

b) Welchen Effekt erreicht Cicero mit dem gebetartigen Beginn seiner Rede?

c) Welcher Begriff wird zusätzlich beinahe wie ein Leitmotiv wiederholt (§§ 1–2)? Setzen Sie diesen Begriff in Beziehung zu denjenigen aus Ciceros Gebet und Ihrem Ergebnis zu Frage a)!

e) Welche Gründe (§ 3) hat M. Cato gegen eine Anwaltschaft Ciceros im Falle des Murena vorgebracht und mit welchen drei Argumenten (§§ 3–6) weist Cicero die Gründe des Cato zurück? Bewerten Sie diese Argumente!

f) Welchen Vorwurf hat Ser. Sulpicius dem Cicero wegen der Verteidigung des Murena gemacht und mit welchen vier Argumenten wehrt sich Cicero (§§ 7–10) gegen diesen Vorwurf? Bewerten sie diese Argumente!

Gliederung der Rede (§ 11)

Die Gliederung von Ciceros Rede ergibt sich aus den Anklagepunkten der Gegner. Nennen Sie die drei Anklagepunkte! Versuchen Sie aus der Reihenfolge, in der Cicero sich mit ihnen beschäftigt (s. Inhaltsverzeichnis des Textbandes), und der Länge der entsprechenden Abschnitte Schlüsse auf Ciceros Verteidigungsstrategie zu ziehen!

Widerlegung der Anklage (§§ 11–83)

Leben des Murena (§§ 11–14)

a) Welche Vorwürfe hat man dem Murena nach Ciceros Aussage über seinen Aufenthalt in Asien gemacht? Wie geht Cicero mit diesen Vorwürfen um (§§ 11–12)?

b) Welche Vorwürfe hat man dem Murena über sein Privatleben gemacht? Welche Strategie verfolgt Cicero in diesem Punkt (§ 13)?

c) Welche Schlussfolgerung zieht Cicero aus diesem Teil seiner Widerlegung? Nennen Sie seine (lateinische) Bezeichnung für Murena! Welche Bedeutung misst er seiner Schlussfolgerung innerhalb seiner Verteidigungsrede zu?

Vergleich zwischen Murena und Sulpicius (§§ 15–53)

Abstammung (§§ 15–17)

a) Aus welchen Familien stammen Sulpicius und Murena? Welche Bedeutung hat diese Abstammung für die Konsulwahl?
b) Welchen Wert setzt Cicero u. a. durch das Beispiel des Pompeius und sein eigenes gegen die Abstammung? Welche Bedeutung haben Ihrer Ansicht nach diese beiden Werte? Informieren Sie sich über ihre Bedeutung zu verschiedenen Zeiten!

Quästur (§ 18)

In welchen Bereichen vergleicht Cicero Murenas Quästur mit der des Sulpicius? Welche Rangfolge der Bewerber ergibt sich aus diesem Vergleich?

Zeit zwischen Quästur und Prätur (§§ 19–34)

a) Worin vergleicht Cicero die beiden Kontrahenten für die Zwischenzeit zwischen den Ämtern (§§ 19–20)?
b) Wie beschreibt Cicero das Ansehen von Feldherrn- und Juristentätigkeit (§§ 21–22)? Wie ist Ciceros Darstellung zufolge das Verhältnis von Sulpicius' Juristentätigkeit und seinem Anspruch auf das Konsulat (§ 23)? Welche Tätigkeit führt Cicero als dritte in den Vergleich derer ein, die zum Konsulat führen können? In welche Rangfolge bringt er diese drei Tätigkeiten (§ 24)?
c) Welches Bild zeichnet Cicero von der Juristentätigkeit (§§ 25–27)? Welche Mittel der Darstellung wendet er dabei an? Welche Reaktion der Zuhörer dürfte Cicero mit diesem Redeteil wohl erreicht haben?

d) Welche Gründe nennt Cicero für das geringe Ansehen der Juristentätigkeit (§ 28)? Vergleichen Sie das Bild des Juristen in unserer Gesellschaft mit der Darstellung des Cicero!
e) In welches Verhältnis bringt Cicero den Juristen und den Redner (§ 29)? Welche Funktion hat hierbei der Vergleich mit dem Kithara- und dem Flötenspieler?
f) Welche Funktion hat § 30 im Zusammenhang? Wie geht Cicero hier mit Sulpicius um?
g) Da M. Cato die militärische Tätigkeit des Murena offensichtlich mit der Feststellung abgewertet hatte, dass die Römer den Mithridatischen Krieg gegen *mulieres* geführt hätten, ergibt sich für Cicero die Gelegenheit, die Leistungen des Lucullus, des Murena und des Pompeius im 3. Mithridatischen Krieg (s. Einleitung zum Textband) hervorzuheben sowie die Leistungen des M. Cato Censorius, des Urgroßvaters von Murenas Ankläger, und berühmter Feldherren der Vergangenheit wie Sulla und die Scipionen (§§ 31–34). Welche Funktion hat 1. die Erwähnung des älteren Cato, 2. die Erwähnung bedeutender Feldherrn im Zusammenhang (zur Bedeutung des Mithridatischen Kriege und des Pompeius, s. Einleitung zum Textband). Erläutern sie die Ausführlichkeit, mit der sich Cicero zum 3. Mithridatischen Krieg äußert, in dem Murena als Legat des Lucullus gekämpft hat, im Zusammenhang der Rede!

Prätur und Proprätur (§§ 35–42)
a) Nennen und bewerten Sie das erste Argument (§§ 35–36), mit dem Cicero den Beweis des Sulpicius für seine Beliebtheit bei den Wählern auszuhebeln versucht, dass nämlich Sulpicius vor Murena zum Prätor gewählt

wurde? Wie versucht Cicero seinem Argument Nachdruck zu verleihen?

b) Welche Gründe nennt Cicero für Murenas Schwierigkeiten bei der Bewerbung um die Prätur (§ 37)? Wie münzt Cicero Murenas Nachteile bei der Bewerbung um die Prätur in Vorteile für die Konsulatsbewerbung um (§§ 38–40), d. h. welchen Zweck erfüllt § 37 innerhalb der Argumentation?

c) In welchem Zusammenhang stehen die verschiedenen Amtsbereiche, die Murena und Sulpicius als Prätoren erlost haben, mit ihrem Ansehen und ihrem Erfolg bei der Konsulwahl (§§ 41–42)?

d) Welchen Einfluss hatte die Weigerung des Sulpicius, in die Provinz zu gehen, auf seine Kandidatur? Welche Vorteile konnte sich hingegen Murena bei der Provinzverwaltung verschaffen (§ 42)? In welche Beziehung kann man den modernen Begriff „Seilschaften" zu den von Cicero geschilderten Verhältnissen setzen? Bewerten Sie diese Verhältnisse im Vergleich zu den heutigen!

Gründe für die Niederlage des Sulpicius (§§ 43–53)

a) Auf welcher Ebene siedelt Cicero die Gründe für Sulpicius' Niederlage an (§ 43)?

b) Welchen Eindruck haben nach Ciceros Darstellung die angekündigte Anklage und die Suche des Sulpicius nach Beweisen auf die Wähler gemacht (§§ 43–45)? Lassen sich ähnliche Phänomene bei heutigen Wahlen feststellen?

c) Welchen Einfluss haben die Vorbereitungen der Anklage für die Werbungstätigkeit des Sulpicius und seiner Helfer (§§ 45–46)?

d) Wie hat die Beantragung eines strengeren Gesetzes durch Sulpicius potentielle Wähler beeinflusst (§§ 46–47)?

e) Welchen Zusammenhang stellt Cicero zwischen der Bedrohung durch Catilina und dem Wahlerfolg des Murena bzw. dem Misserfolg des Sulpicius her (§§ 48–53)? Wie stellt Cicero hierbei Catilina und seine Anhänger dar? Wie schildert er dabei seine eigene Rolle als Konsul bei der Abwehr des Catilina?

Welchen Eindruck haben Sie von Murena und Sulpicius aus Ciceros Darstellung erhalten?

Zum Vorwurf der Wählerbestechung (§§ 54–83)
Die Ankläger (§§ 54–66)

a) Nennen Sie die Ankläger des Murena und ihre Vorwürfe zum Thema der Wählerbestechung (§ 54)? Wie geht Cicero hier mit ihnen um?
b) Welche Funktion hat die Klage Ciceros über Murenas Schicksal an dieser Stelle (§ 55)?
c) Welche Motive unterstellt Cicero Murenas Anklägern (§ 56)?
d) Wie geht Cicero mit dem Ankläger Postumus um (§ 57)?
e) Welche Befürchtung bewegt Cicero zu einer ausführlichen Auseinandersetzung mit der Person Catos, und auf welche Weise versucht er das befürchtete Ergebnis von Catos Anklagevertretung im Vorhinein abzuwenden (§§ 58–60)?
f) Wie geht Cicero mit Cato in der Auseinandersetzung mit seiner Person um (§§ 60–66)? Welchen Eindruck erhalten Sie von Catos Person? Wie kommt dieser Eindruck zustande? Welche Funktion hat die Einführung der Gegenbilder des Scipio und des älteren Cato (§ 66)? Wie geht Cicero (besonders in §§ 58–61) mit den Richtern um? Nennen Sie hierzu zentrale Begriffe! Welche Funktion hat dieser Umgang mit den

Richtern in der Auseinandersetzung mit Catos moralischer *auctoritas?* Welche Funktion hat der Abschnitt §§ 60–66, den Cicero im folgenden Abschnitt (§ 67) als Abschweifung kennzeichnet, innerhalb der Argumentation?

Die Anklage (§§ 67–83)

a) Wie entkräftet Cicero den Vorwurf Catos, er rechtfertige das, was er selbst durch die *lex Tullia* unter Strafe gestellt habe (§§ 67–68)?

b) Sammeln Sie die einzelnen Vorwürfe des Cato gegen Murena (§§ 68–73) und untersuchen Sie bei jedem einzelnen, wie Cicero mit ihm umgeht. Wo beweist Cicero Murenas Unschuld?

c) Als Stoiker lehnt Cato die übliche Wahlwerbung grundsätzlich ab (§ 74). Cicero widerlegt Catos Ansicht durch die Stellung des römischen Reiches in der Welt (§§ 74–75), durch ein Beispiel aus der Vergangenheit (§§ 75–76) und durch Catos eigenes Vorgehen bei seiner Bewerbung um das Tribunat (§§ 76–77). Erläutern und bewerten Sie Ciceros Argumentation!

d) Als Motiv für die Anklage unterstellt Cicero dem Cato das Staatswohl (§ 78). Welchen Schluss zieht Cicero aus diesem unterstellten Motiv und der erneut geschilderten catilinarischen Gefahr (§§ 79–83)? Wie und in welchem Umfang schildert Cicero hier diese Gefahr?

Schlusswort (§§ 83–100)

a) Welche Bedeutung hat das Urteil über Murena nach Ciceros Ansicht für den Staat (§§ 83–88)? Wie erklären Sie sich die Ausführlichkeit, mit der Cicero dieses Thema behandelt? Wie passt es zum emotionalen Charakter einer *Peroratio* (s. Definition)?

b) Welche Bedeutung hat das Urteil für Murena persönlich (§§ 88–100)? Wie wirkt der letzte Redabschnitt auf Sie? Berücksichtigen Sie auch in diesem Zusammenhang die übliche Funktion einer *Peroratio!*

Gesamttext

Würden Sie Murena nach Ciceros Rede verurteilen oder freisprechen? Begründen Sie Ihre Entscheidung!

3. Zur Rhetorik

Cicero selbst definiert den idealen Redner folgendermaßen: „[is] qui scelus fraudemque nocentis possit dicendo subicere odio civium supplicioque constringere; idemque ingeni praesidio innocentiam iudiciorum poena liberare; idemque languentem labentemque populum aut ad decus excitare aut ab errore deducere aut inflammare in improbos aut incitatum in bonos mitigare; qui denique, quemcumque in animis hominum motum res et causa postulet, eum dicendo vel excitare possit vel sedare.“ (De oratore 1,201)
Wie bewerten sie diese Definition, nachdem Sie Ciceros Reden gelesen haben?

Im Zusammenhang mit der Feststellung, dass Denken und Sprache, Inhalt und Form nicht voneinander getrennt werden können, äußert sich Theodor W. Adorno folgendermaßen über Cicero und die Rhetorik:
„In der rhetorischen Qualität beseelt Kultur, die Gesellschaft, Tradition den Gedanken; das blank Antirhetorische ist verbündet mit der Barbarei, in welcher das bürgerliche Denken endet. Die Diffamierung Ciceros [...] zeug[t] vom

Ressentiment derer, denen Lebensnot die Freiheit, sich zu erheben, verschlägt, und denen der Leib der Sprache für sündhaft gilt.“ (Negative Dialektik 1966, zitiert nach: Gesammelte Schriften, Bd. 6, Frankfurt a. M. ^{3}1982)

1) Erörtern Sie dieses Zitat! Bedenken Sie dabei, dass bereits in der antiken Rhetorik der Kaiserzeit die rhetorische Form im Verhältnis zum Inhalt in den Vordergrund gerückt wurde und dass die Rhetorik nach dem Ende des Nationalsozialismus durch den Missbrauch, der in dieser Zeit mit ihr getrieben worden war, in Verruf geraten war.
2) Setzen Sie das Zitat zu Ihrer Cicerolektüre in Bezug!